JN039198

21世紀の財政政策

低金利・高債務下の正しい経済戦略

オリヴィエ・ブランシャール［著］
OLIVIER BLANCHARD

田代 毅［訳］

日本経済新聞出版

ボブ・ソローへ捧げる

FISCAL POLICY UNDER LOW INTEREST RATES
by Olivier Blanchard

Copyright ©2022 by Massachusetts Institute of Technology
Japanese translation published by arrangement with The MIT Press
through The English Agency (Japan) Ltd.

日本語版への序文

本書を執筆したきっかけは、日本の経験に関する研究を行うことだった。巨大な貯蓄と低迷する投資、それによって慢性的に需要が低迷する国において何が起こるのかということを示した最初の例が、1990年代初頭よりそれを経験した日本であった。

その課題に直面する中で、日本の政策立案者は積極的なマクロ経済政策に乗り出した。名目短期金利を実効下限制約に達するマイナスの領域にまで引き下げ、長期国債を購入して長期金利を引き下げた。これだけでは十分ではなく、巨額の財政赤字を計上することで需要を維持し、インフレを目標に近づけようとした。

その結果としては、このような政策がなかった場合に比べれば、需要が強くなり、経済活動も活発化したと言えるだろう。しかし、公的債務は着実に増加し、日銀が購入した長期国債が満期がゼロの中央銀行負債に置き換えられたために統合政府（政府と中央銀行をともに広義の政府の一部門として広義の政府と捉えるもの）の負債の満期は短期化した。

これらは正しい政策だったのだろうか。より一般化して述べれば、慢性的な需要不足に直面する国にとって正しい政策とは何かという問題が、日本と同様の課題に直面する国が増えるにつれて、ますます重要になっている。

私の結論は本書の中で述べている。要するに、慢性的な需要不足に直面した場合、短期金利についても長期金利についても名目金利を可能な限り引き下げることが、確かに金融政策の正しい姿勢だ。それでも不十分な場合は、需要や経済活動をさらに活発化させるために財政赤字が実際に役立つ。この点で、財政赤字は考えられているほど危険なものでもコストのかかるものでもない。超低金利下では、債務ダイナミクスによって債務の国内総生産（GDP）比率を上昇させることなくプライマリーバランスの相当な赤字を計上することができる。また、超低金利はリスク調整後の資本収益率も低水準であることを示すシグナルであり、債務による資本の置き換えが厚生面で大きなコストをもたらすものではないことを示唆している。

日本の経験に当てはめると、金融政策・財政政策は積極的なものであったが概ね適切だったというとが私の結論だ（この結論については本書の第6章で詳しく述べている）。より高い成長やより高い投資のために構造改革を同じように積極的に行うこともまた重要なことだったろうが、それは不十分だった。

以上は過去を総括するものだ。日本の政策立案者にとって重要な問いは、今後何をすべきかということだろう。現在の超低金利下でも、民間の総需要は未だに低迷しており、経済活動を潜在水準に維持するためには財政政策の助力が必要である。同時に、債務が非常に巨大なものとなっており、金利の大幅な上昇が財政状態に壊滅的な影響を及ぼす可能性があり、債務の持続可能性やデフォルトの可能性について深刻な懸念を生んでいる。

おそらく、現時点での主な疑問は、金利上昇の可能性がどの程度かということだろう。その答えには2つの要素がある。

今後10年から20年の間、債務ダイナミクスと厚生にとって重要なことは、金利そのものではなく、金利と経済成長率の差である。金利が経済成長率と比較して低いほど、債務ダイナミクスはより好ましいものとなり、政府には財政赤字を計上する余地が増加し、債務による厚生面でのコストも低下する。したがって、中期的な観点から金利と経済成長率がどのようなものとなるかを考えなければならない。低金利の背景に存在する巨大な貯蓄、低迷する投資、国債などの安全資産への需要といった要因は今後も継続することが見込まれる。しかし、残念ではあるが、生産年齢人口の減少が継続することを反映して経済成長率が低下すると予想される。このことは、債務ダイナミクスがあまり好ましくないものとなることを意味し、財政政策を活用する余地が縮小することを意味する。

おそらく主な懸念は、今後数年間という近い将来に一時的かもしれないが、何らかの理由で金利が急上昇する可能性であろう。しかし、どの程度心配すべきかは金利上昇の原因によって異なる。

1つの可能性は投資家の撤退である。つまり、債務が持続不可能であるという自己実現的な信念を投資家が有するようになり、国債の保有に高金利を要求し、それによって投資家が心配する危機そのものが引き起こされ、また、デフォルトを誘発する可能性がある。海外投資家と比べて安定した投資家である国内投資家によってほとんどの国債が保有されていることを考えると、例えば新興市場国と比べれば、日本においてその可能性が実現する見込みは低いだろう。しかし、起こり得ることではある。だが、もう1つ別の結果、つまり、投資家が心配せず、金利が低水準にとどまり、債務が持続可能であるという結果が存在する限り、投資家が売却する国債を購入する用意が中央銀行にあれば、こちらの結果が実現される。日銀は過去の行動からその用意があることを示してきた。

もう1つの可能性は、民間需要が非常に強力になり、財政スタンスが一定の場合、経済の過熱を避けるために日銀が金利を引き上げなければならなくなるものだ。この場合は、問題はそれ自体で解決する。日本政府はプライマリーバランスの赤字を削減し、需要の増加を抑制し、日銀は低金利を維持することができる。言い換えれば、この場合は財政調整の速度を加速させることができる。良い知らせだ。

さらにもう1つの可能性は、中央銀行によるインフレ対策として一時的に、あるいは世界的な低金利の背景にあるいくつかの要因が変化することでより持続的に、世界の他の地域で金利が上昇することである。この場合、世界の他の地域での金利の上昇に完全に合わせる必要はない。国内金利の上昇を限定的なものとし、円安に任せて、その結果、インフレが上昇する方が明らかに良い選択肢だ。

つまり、破局が迫っているという懸念は妥当なものではない。しかし、高水準の債務と今後予想される金利と経済成長率の推移を踏まえれば、プライマリーバランスの赤字を継続する余地はあるが、財政政策は時間をかけて引き締め的になるべきであることが強く示唆される。

それでは、政策立案者はどうすればよいだろうか。3つのインプリケーション（示唆）が存在する。

低金利下でも民間需要が低迷する場合、財政赤字以外の方法で消費や投資という民間需要を増加させる方法を政府は見つける必要がある。現時点では社会保険による保護が不十分な労働者に対しても社会保険を提供するように拡張すれば、予備的貯蓄を縮小させ、需要を増加させることができる。民間投資への波及効果が存在するグリーン公共投資は、債務ではなく税を財源としたとしても解決策の一部となるだろう。いつもどおりではあるが、長期的には経済成長率の向上、短期的には投資の増加となるため、構造改革が有効だ。

実質金利を低下させ、その結果、金融政策の余地が広がるとともに財政による助力の必要性が低下するため、持続的なインフレの上昇もまた望ましい。私は他の場所において、現在の2%ではなく、3%をインフレ目標の数値とすべきことを提案している。インフレ目標を再検討し、その達成に向けて努力する必要がある場所があるとすれば、それは日本だ。エネルギーや食料価格、サプライチェーンの混乱による一時的なインフレ率の上昇は、インフレ予想を以前よりも高い水準にアンカーすることを試みる良い機会だろう。

最後に、量的緩和よりも短期政策金利の活用に頼り、時間をかけて中央銀行のバランスシートを縮小し、統合政府の財政ポジション全体に金利上昇が及ぼす影響を軽減することも非常に望ましいものだろう。

これらは特効薬と言えるほどのものではなく、簡単なものでもないが、今後の日本の財政政策と金融政策の双方の輪郭を明確にし、向かうべき方向性を示すものだ。

2023年1月6日

オリヴィエ・ブランシャール

21世紀の財政政策——目次

はじめに

「状況が変化したとき、私は考えを変える。あなたはどうする？」(これはケインズの言葉とされているが、ケインズの言葉であるという確実な証拠はない)。

この本は、1980年代半ばから実質金利が着実に低下してきたという実際の状況変化に触発されたものだ。これは根本的な変化であり、一時的に道を外れることがないわけではないが、今後もそれが継続する可能性が高いという結論に長年をかけて達した(この一時的な逸脱についても本書で説明しよう)。この変化に伴って、我々は財政政策と金融政策の役割を見直す必要に迫られている。

本書の目的は、低金利による財政政策へのインプリケーションに焦点を当てることだ。理論とエビデンスを検証し、現在の先進国の政策について実践的なインプリケーションを引き出すことを目的とする。[1]

本書の対象読者は、主に政策立案者やそのスタッフであり、今後の複雑な航海の舵取りを行う方々だ。私はこうした方々を説得したいし、説得する必要がある。財政政策を議論する際の最大の難問は、公的債務が非常に悪いものであると広く考えられていることであり、それは、宗教的な信念にも近いものだ。本書はより豊かでバランスのとれた立場を取ろうとする試みであることを読者の皆さんに読み取っていただきたいと思う。債務を愛する必要はない。しかし、いつ、どのように債務を活用するかについて、理解してほしい。

この本は、論文というよりはエッセーに近いものだ。完全には答えられない問題や正しい答えを有するかどうかさえわからない問題も未だに多く存在している。複雑で未解決のマクロ経済上の課題についても本書では触れている。例えば、動学的非効率性やエクイティ・プレミアムの要因、量的緩和の有効性（または無効性）、サドンストップ（sudden stop）の本質、乗数の大きさといった論点だ。不確実性や意見の相違についてはそれらの範囲を明らかにしようと努めた。本文中では簡潔な説明に努め、ボックス（横組みの囲み部分）ではより正確に記述するように努めた。この部分については、扱いが難しいと思う読者もいれば表層的だと思う読者もいるかもしれない。それは仕方のないことだ。

2022年6月に本書を仕上げる際に感じたことを最後に一言付け加えたい。私がこの本を書き終えたのは2021年末だった。その後、インフレが上昇し、中央銀行は名目金利を引き上げている。実質金利は現時点では非常に低いが、今後はもっと上昇するだろう。私はこの展開を概ね予想しており、一時的に金利が上昇してもその後は低水準の実質金利に戻ると考えていた理由について本書の中で説明している。今でもこの結論が正しいと考えている。

次の多くの方々にお礼を申し上げたい。

第一に、財政政策に関する長年の共著者たちの名を挙げよう。ジョバンニ・デラリッチャ、ルディ・ドーンブッシュ、スタンレー・フィッシャー、ジェイソン・ファーマン、フランチェスコ・ジァヴァッツィ、アルバロ・レアンドロ、ダニエル・リー、ロベルト・ペロッティ、ジャン・ピサニ・フェリー、アルビンド・スブラマニアン、田代毅、アンヘル・ウビデ、ジェロミン・ゼッテルマイヤー。そして、ラリー・サマーズには特別の感謝を。50年近くにわたる議論は常に啓発的だった。

第二に、本書の第一稿に提案やコメントを寄せてくれた多くの方々に感謝したい。シルビア・アルダーニャ、アグネス・ベナシー・ケレ、ロレンゾ・ビニ・スマギ、ジョン・コクラン、ピーター・ダイアモンド、カルロ・ファヴェーロ、ジョー・ギャノン、オリヴィエ・ガルニエ、ヴィトール・ガスパール、ホセ・デ・グレゴリオ、マルティン・ヘルビッヒ、パトリック・ホノハン、ゲアハルト・イリング、バス・ヤコブス、ラリー・コトリコフ、アルビンド・クリシュナムルティ、ポール・クル

1 これらの結論を新興市場国や途上国に当てはめることは重要だが、異なる取り扱いが必要となる。そのため本書では議論しないこととした。先進国と新興市場国における共通点と差異に関する最初の取り組みとしてはBlanchard, Felman, and Subramanian（2021）を参照。

ーグマン、N・グレッグ・マンキュー、フィリップ・マルタン、アティフ・ミアン、エミ・ナカムラ、モーリー・オブストフェルド、ロベルト・ペロッティ、ジャン・ピサニ・フェリー、アダム・ポーゼン、ジム・ポテルバ、グザヴィエ・ラゴ、クラウス・レグリング、リカルド・ライス、イ・チャンヨン、アントニオ・スピリムベルゴ、コーエン・チューリングス、ポール・タッカー、アンヘル・ウビデ、アネット・ヴィッシング・ヨルゲンセン、エティエンヌ・ワスマー、クリスティアン・フォン・ヴァイツゼッカー、ジェイコブ・フォン・ヴァイツゼッカー、イヴァン・ワーニング、チャールズ・ウィプロス。デビッド・ウィルコックスには特別の感謝を。本書の草稿を熟読してくれたことで、よりよいものにすることができた。

第三に、ピーターソン国際経済研究所の多くの同僚が草稿の読書会に参加してくれたことに感謝したい。既に言及した方々に加えて、ここには、ジェイコブ・キルケガード、マディ・サルセンバエフ、そして、米国議会予算局のマイケル・ファルケンハイム、キョン・ムック・リム、ジョン・セリスキ、国際通貨基金（IMF）のラファエル・エスピノーザとダニエル・リーが参加してくれた。また、MIT Pressから本書を刊行するにあたって本書を査読してくれた2名の匿名の査読者に感謝する。

第四に、MIT Pressのオープンソースのプラットフォームにおいて公開されている本書の草稿にコメントを寄せてくれた多くの方々、なかでもヴィヴェーク・アローラ、マイケル・ベン・ガド、ジョハネス・ブルム、フランチェスコ・フランコ、イゴール・ゴルノステイ、堀口雄助、リチャード・カッツ、マイケル・カイリー、ガロ・ヌノ、ガブリエル・パターソン、アタナス・ペナコフ、ジャミマ・ペッペール・スレブルニー、ジョン・クイギン、ラルス・スヴェンソン、ジャン・マリア・トマト、シャルル・アンリ・ウェイミュレール、スタブロス・ゼニオスに感謝したい（MIT Pressが本書のために無料で公開ウェブサイトを提供してくれたことには感謝してもしきれない。本書の認知度を早い段階で高め、現在進行中の議論や政策決定に貢献してくれただけでなく、そこで得られたコメントの多くは私が意識していなかった間違いや本書に書き加えるべき内容を指摘してくれた）。

第五に、この本や以前の関連プロジェクトにおける優秀な研究助手であるゴンサロ・ウエルタス、マイケル・キスター、ジュリアン・メールとトマ・ペレに感謝したい。

第六に、素晴らしい職場環境を与えてくれたアダム・ポーゼンとピーターソン国際経済研究所に感謝したい。

最後に、ノエルは、この本に集中させてくれ、今回もまた、他のすべてを引き受けてくれた。いつものように、本書のすべての誤りは私の責任だ。また、結論が曖昧な部分については、今後の私の研究課題となるだろう。

2022年6月　ワシントンDCにて

オリヴィエ・ブランシャール

第1章

本書の概要

Introduction

表1-1　債務、財政赤字と金利

	純債務（GDP比、%）		財政収支（GDP比、%）		金利[a]（%）	
国	2021年[b]	2007年[b]	2021年[b]	2019年[b]	10年	3カ月
米国	101.9	45.5	−10.8	−5.7	1.7	0.2
ドイツ	54.4	53.4	−6.8	1.5	−0.0	−0.7
フランス	103.3	58.0	−8.9	−3.1	0.3	−0.7
イタリア	142.2	95.7	−10.2	−1.6	1.3	−0.6
スペイン	104.5	22.4	−8.6	−2.9	0.7	−0.6
英国	97.2	36.5	−11.9	−2.3	1.2	0.2
日本	171.5	94.4	−9.0	−3.1	0.2	−0.1

a:金利は2022年1月28日時点。出典:Investing.com
b:2021年の純債務の数値は10月時点での年末の予測。出典:国際通貨基金（IMF）財政モニター2021年10月

先進国の政策立案者は異例の財政環境に直面している。**表1－1**に、本書執筆時の2022年1月時点の主要7カ国の基本的な数値を示している。国内総生産（GDP）に対する純債務比率は多くの国で100%を超え、ドイツを除いた多くの国で歴史的な高水準にある。これは世界金融危機の前年である2007年よりもかなり高い水準だ。

財政赤字も極めて大きい。コロナ危機の後遺症を反映したものではあるが、コロナ前の2019年時点でもすでに巨額だった。特に米国や日本ではそうだ。同時に、名目金利は極めて低い水準にある。3カ月金利は概ねマイナスであり、10年金利も非常に低い水準にある。すべての国で10年名目金利はインフレ予想よりも低い水準にあり、実質金利はマイナスである。

このため、現在の財政政策が採用すべき内容について政策立案者や研究者が全く異なる結論を導くことも多い。非常に高い水準の債務に注目し、緊急に財政再

建に着手し、債務を着実に減少させる必要があると主張する意見もある。他方で、債務を安定化させれば十分であり、この高水準の債務を受け入れればよいと主張する意見もある。超低金利に着目し、政府が借金をする絶好の機会であり、特に公共投資の資金調達を行う機会だという意見もある。もっと過激な解決策、例えば、中央銀行が保有する債務を帳消しすべきだといった意見も見られる。[1]

政策立案者の下す結論や行動は、やがて大きな意味を持つ。世界金融危機以降、債務を減少させたいという願望と、その結果としての財政再建が強力すぎたために経済回復が遅れたと多くの人が考えている。現在、欧州の政策立案者は、非常に具体的な問題に直面している。コロナ危機に直面して、欧州連合(EU)の現行の財政ルールは停止された。古いルールは重大な改革が必要であると幅広く考えられている。EUの政策立案者は正しい方法でルールを作り直さなければならないのだ。

1　いくつか注目すべき意見を引用しよう。ヴォルフガング・ショイブレ(元ドイツ連邦議会議長、元ドイツ財務相)「危機の時に経済を安定させるために借り入れをすることは、返済の問題を忘れていない限り有効だ。だが、後に債務を返済する必要性は見落とされがちだ」(「フィナンシャル・タイムズ」2021年6月2日)。ポール・クルーグマン(2008年のノーベル経済学賞受賞者)「結論としては、現在、政府債務は主要な問題ではないということだ(「ニューヨーク・タイムズ」2020年12月3日)。フランスの経済学者150人によるマニフェスト「欧州諸国と欧州中央銀行の間で契約を結ぼう。欧州中央銀行は保有する公的債務を放棄することを約束し、各国は同額を生態系や社会の再建に投資することに同意するのだ。」(「ル・モンド」2021年2月5日)。

ここからは、本書の概要とその主要な結論を紹介する。これは各章の冒頭部分をまとめたものであり[2]、手早く本書の内容を知りたい読者のための総集編といえるだろう。実際に時間のない読者の方は、本書の基本的なテーマは最終章に要約されているのでそちらをお読みいただきたい。本書全体を読もうと考えている読者の方は各章に直接進んでいただいてもよいだろう。

第2章では、本書を通じて重要となる金利に関する5つの考えを紹介する。

金利に関する第一の考えは、中立金利r*だ[3]。これは、同義の2つの方法で定義することができる。

中立金利の1つ目の定義は、生産が潜在生産量の水準にあると仮定したときに、貯蓄が投資と一致する実質安全金利である。中立金利の2つ目の定義は、総需要が潜在生産量と一致する場合の実質安全金利である。この2つの定義は確かに同義であるが、中立金利を決定する要因に関する異なる考え方を示唆するものであり、後に有用なものとなる。

金利に関する第二の考えは、安全金利と株式収益率のようなリスク金利の区別だ。リスク認識やリスク回避の度合いが高まることによって、どのようにリスク金利が上昇し、安全金利が低下するかを示す。第3章のデータにおいて確認するように、安全金利の低さの要因を考えると、この区別が実証的に重要である。現在の低水準の安全金利は、貯蓄や投資の変化によるものなのか、それともリスク上昇やリスク回避によるものだろうか。

第三に、中央銀行の役割を検討する。中央銀行の事実上のマンデート（責務）は、実際の実質安全金利rを中立金利r^*に可能な限り近づけることであり、それにより生産を潜在生産量に近づけることであると考えることができる。現在の低金利について中央銀行が非難されることがあるが、中央銀行が設定する金利は主に低水準の中立金利を反映したものであり、それ自体が、r^*や貯蓄、投資、リスク、リスク回避の変動の背後にある要因を反映している点が重要である。つまり、中央銀行は低金利の責めを負うものではなく、背後に存在するファンダメンタルズ要因（経済の基礎的な要因）を反映しているに過ぎない。

第四の考えでは、不等式$(r-g)<0$の重要性について論じる。ここでrは実質安全金利、gは実質経済成長率である。rがgよりも小さい時、債務は償還されない限りrの率で増加する一方、gの率で生産が拡大する。したがって、新たな債務が発行されなければ、生産に対する債務の比率は時間とともに低下し、より好ましい債務ダイナミクスをもたらす。当面の（長い）間、rがgよりも小さい状況が続くと高い確率で想定されることから、このことが後に議論する財

2　これはかなり異例だと思う。しかし、我々には読むべきものが多すぎるし、我々（少なくとも私）の注意力がいかに限られているかを学んできた。

3　ウィクセル（Wicksell 1936）に倣って自然利子率とも呼ばれる。しかし、自然失業率と同様に、行動や制度に依存するものであり決して自然なものではない。そのため、以下では「中立」という言葉を用いる。

政政策において大きな意味を持つ。

金利に関する第五の議論では、実効下限制約（ELB: effective lower bound）の性質と意味について述べる。人々はゼロの名目金利が付く現金を保有できるため、中央銀行は名目政策金利をゼロより大幅に低く設定することができない。つまり、インフレにより実現されるマイナス幅よりも大幅に低い実質政策金利を実現することはできない。この金利を「実効下限制約金利」と呼び、r_{min}と表すこととしよう。

このため、r^*が非常に低い場合、r^*に合わせてrを低下させることが困難となり、$r>r^*$の状況となる可能性がある。つまり、金融政策が生産を潜在生産量に維持するための余地が低下する、あるいはその余地がなくなってしまう可能性がある。これは、最近まで多くの中央銀行が置かれてきた状況であり、このことも、後に触れる財政政策の議論に大きな意味を持つ。

第2章の結論の節において、r^*が低下を続ける中で、2つの重要な閾値を突破してきたことを説明しよう。第一に、r^*ひいてはrは、gより小さいことである。このことは、債務ダイナミクスや財政政策による厚生への影響に重要なインプリケーションを有する。第二に、r^*が非常に低いために、実効下限制約金利r_{min}よりも低い状況も現れている。この場合、金融政策が生産を潜在水準に維持する余地が限定されるため、財政政策の活用の必要性が高まる。

第3章では、金利の過去の変遷を見ていこう。本章は4節構成だ。

まず、実質安全金利の時系列での変遷を見ていこう。中央銀行のインフレ抑制政策を概ねの要因とする1980年代半ばの高水準の実質金利を除けば、過去30年間、米国、ユーロ圏、日本といった先進国の至るところで実質安全金利が着実に低下している。この金利低下は、2000年代後半の世界金融危機や今般のコロナ危機に起因するというよりは、もっと持続的な要因によるものだ。

次に、金利低下によって経済成長率と安全金利のギャップが拡大し、(r－g)のマイナスの値が拡大していることを示そう。潜在成長率の若干の低下に対して、金利の低下はより急激である。過去にもマイナスの(r－g)の時期はあったが、現在は違う要因のようだ。戦争でも、低名目金利下のインフレ爆発でも、金融抑圧でもない。

そして、安全金利の低下について潜在的な要因を検討する。貯蓄・投資や無リスク金利・リスク金利に与える影響は、要因によって異なる。貯蓄・投資に関する要因は、すべての金利に概ね同様の影響を与える。リスク・流動性に関する要因は、安全金利の低下とリスク金利の上昇をもたらす。エビデンスによれば、両方の要因が作用しているようだ。それらの組み合わせの中で安全金利の低下の要因の候補は数多く存在するが、具体的な影響を特定することは困難である。2つの潜在的な要因について、より詳しく見ていこう。まず誤解を招きかねないものを、次に混乱が見られるものを確認しよう。

経済成長率と金利の関係を検討する場合、両者は密接に関連していると広く考えられている。

実際、「オイラー方程式」として知られる効用最大化から導かれる**個々人の**消費の伸びと金利の関係に基づいて、両者の密接な関係を示唆する研究もある。しかし、この関係は、**総消費**の成長率（または生産の成長率）と金利との関係には何の示唆も与えないことを議論しよう。実際に、そして、おそらく驚くべきことに、両者の実証的関係は弱く、存在しないことも多い。潜在成長率の低下は、金利低下の大きな要因ではない。

人口動態に目を向けると、先進国では、出生率の低下、平均寿命の伸び、ベビーブーム効果の終焉という3つの大きな人口動態の変化が生じている。これらの変化が現在の低金利の一因となっているが、先を見据えると影響が逆転して高金利が到来すると論じる研究者もいる。だが、将来的に、寿命の伸びがより重要な要因となって、金利は上昇せず、むしろ、さらに低下する可能性が高いと私は考えている。

全体として、安全金利の長期的な低下は、将来的に恒久的に反転する可能性が低いと思われる根本的な要因に起因していることを示唆している。しかし、この結論は2つの方法により正当化される必要がある。第一に、金利低下の要因について完全な確証はなく、金利が持続的に反転する確率が低確率ではあるが存在するという前提で財政政策が設計されるべきということだ。第二に、将来の金利の経路は外生的ではなく、財政政策それ自体に大きく依存することだ。実際に、2021年の米国の強力な財政拡張によって、総需要の縮小とインフレ低下のために米連邦準備理事会（FRB）がしばらくの間金利を引き上げざるを得ないというエピソードの最中にある。しかし、インフレが目標の水準に戻るにつれて、この金利上昇は落ち着くだろう。このエピソードとその意味については、第6章で詳しく述べる。

このエピソードを超えて、公共投資の増加や大規模な財政赤字の継続は、長期的にも中立金利を上昇させる可能性がある。後の章で述べるように、中央銀行が実効下限制約による厳格な拘束を受けないr^*の値を実現するような財政政策を実際に設計するべきだ。そのような財政政策が実現されれば、r^*の将来の値、そして、rそのものの将来の値に下限が設定される。

このような議論を踏まえた上で、低金利が財政政策に与えるインプリケーションについて、その次の3つの章で検討する。混同されることがある2つの異なる問いへの答えを求めるものだ。

- ある国はどれだけの「財政余地」を有するか。より正確には、債務の持続可能性の問題が生じるまで、その国が債務を増加させる余地はどの程度あるのだろうか。
- この財政余地はどのように使われるべきか。余地があるからといって、それを使うべきとは限らない。財政政策とは、その余地をいつ、どのように、使うか否かを決めることだ。

第4章は、最初の問いに関する章だ。(r－g)の意義に焦点を当てながら、**確実性下**での債務ダイナミクスの算術を検討することから始めよう。(r－g)、債務、プライマリーバランスのそれぞれの意義を示しながら、プライマリーバランスが赤字でも、政府は債務比率を安定させることができるという、（r－g）＜0の場合の劇的なインプリケーションを示そう。形式上、債務の持続可能性の問題は存在しない。政府がどれだけの水準のプライマリーバランスの赤字を計上しても、債務が増加することはあっても爆発することはない。言い換えれば、政府には無限の財政余地があるように見える。

しかし、2つの理由から、この結論は強すぎる。第一に、財政政策は、債務や財政赤字の増加という形で、総需要を増加させ、中立金利r*を上昇させる。金融政策当局がr*に応じて実際の金利rを調整する限り、これは（r－g）を上昇させ、財政余地を縮小させる。第二に、不確実性が重要である。債務の持続可能性は、基本的に確率的な概念である。暫定的な運用上の定義は次のようなものであろう。債務が爆発する確率が小さい場合、債務は持続可能である（その上で「爆発」と「小さい」の定義が必要だが、定義することは可能である）。

このことを念頭に置きながら、本章では、様々な不確実性の源泉と、それらが債務の持続可能性に及ぼす潜在的な影響について議論する。債務比率、債務の満期、現在と将来のプライマリーバランスの分布、現在と将来の（r－g）の分布のそれぞれの影響を示そう。また、「確率的債務持続可能性分析」（SDSA: stochastic debt sustainability analysis）を、政府、投資家、格付け会社がどのように利用することができるかを示す。そして、現在の水準からの現実的な債務削減では債務の持続可能性の確率にほとんど影響を与えないが、（r－g）の上昇や符号の長期的な反転という事態に備えた条件付きの計画が重要であることを示す。

次に、本章では債務の持続可能性を確保するための財政ルールを検討する。SDSAは、各国ごとに、各年について、その場で行うことしかできない。SDSAが必要とする仮定、例えば(r−g)の将来の見通しについては、見解が分かれる可能性がある。

財政政策がマクロ経済上の役割を果たす十分な余地を残しつつ、ガードレールとなるセカンドベストのより機械的なルールを設計することができるだろうか。これは、EUで現在議論されている問題である。私は、機械的なルールが効果的に機能することには懐疑的だが、それでもなおルールが採用されるのであれば、そのルールが採用すべき方向を提案しよう。債務ではなく債務返済に応じて、プライマリーバランスを時間をかけて調整するルールが望ましいことを分析を踏まえて提案しよう。

第4章で取り上げるもう1つのトピックは、公共投資——例えばグリーン投資——と債務の持続可能性の関係である。政治的な理由から、緊縮財政は他の支出よりも公共投資の縮小として現れることが多い。経常勘定と資本勘定を分割する(「資本予算」として知られる)ことによる透明性の要請は強力だ。他方で、公共投資の全額を債務で資金調達すべきであると言われることもあるが、その根拠も弱い。公共投資が直接的な財政的収益を政府にもたらす限りで、債務の持続可能性に影響を与えずに、少なくとも部分的に債務によって資金を調達することができる。

また、公共投資は成長を強化し、将来の財政収入を増加させるという主張もある。しかし、公共投資の多くは社会厚生を向上させるとしても国家に財政的収益をもたらさず、経済成長への効果も不確実である。そのため、債務の持続可能性に影響を与える可能性があり、それを考慮した上での資金調達手段を考えるべきだ。これを債務の持続可能性の分析にどのように組み入れるかを示す。

サドンストップのリスクと、この文脈における中央銀行の潜在的な役割について検討することも重要だ。ソブリン債市場（および他の多くの市場）は、ファンダメンタルズに大きな変化がなくとも、投資家が撤退したり大きなスプレッドを要求したりするといったサドンストップに見舞われることがある。これは新興国市場においてより重要な問題であるが、ユーロ危機が示すように先進国にも関係するものだ。

債務の持続可能性のリスクが小さく、低金利が正当化されることをファンダメンタルズが示唆するとしても、投資家が懸念し安全金利を上回るスプレッドを求め、債務返済を増加させ、債務が持続的ではない可能性を高め、そもそもの懸念が実現してしまうという別の均衡が生じる可能性もある。この均衡は、その性質から「サンスポット均衡」と呼ばれることもある。この問題は重要だが、複数均衡の可能性を排除するには現在の債務水準よりはるかに低い債務水準が必要であることを議論しよう。今後数十年にわたって、現実的な債務削減では、このリスクを排除することはできない。

次に、中央銀行がこのリスクを軽減、あるいは排除することができるかどうかを検討しよう。スプレッドの拡大要因として、サンスポットとファンダメンタルズの悪化の2つに分類しよう。中央銀行は巨大な安定的投資家であり、サンスポットが原因の場合では複数均衡を防ぎ、スプレッドを解消することができる。

他方、少なくとも部分的にファンダメンタルズの悪化を原因としてスプレッドが生じる場合には、結論はあまり明確なものではない。つまり、中央銀行は統合政府の一部であり、その介入によって統合政府全体の負債やリスク全体の大きさは変化しないものの、負債の構成は変化する。例えばコロナ危機の際にイタリアのスプレッドを縮小させることができたという例も踏まえつつ、欧州中央銀行の場合にはこの点がなぜ異なるかを議論しよう。

中央銀行と債務の持続可能性との関係について浮上した救済と帳消しという2つの問題を取り上げよう。量的緩和（quantitative easing）や国債の大規模な購入を通じて、中央銀行が財政赤字を貨幣化し、政府を救済しているという主張がある。これは事実ではない。また、債務負担を軽減するために、中央銀行はバランスシート上に保有する国債を単に帳消しにすべきだという主張もある。その必要はなく、仮にそれを行ったとしても、政府の予算制約の改善には何の役にも立たない。

要するに、マイナスの（r－g）は、債務のダイナミクスを大きく和らげるものだ。しかし、これは、財政政策が中立金利へ影響を与えるという内生性や、不確実性、特にrに関する不確実性のため、債務の持続可能性の問題を消滅させるものではない。

債務の持続可能性を評価する最善の方法はSDSAを用いることであり、これは各国や各年の特殊性を考慮するアプローチである。評価の複雑さを考えると、私は定量的なルールに頼ることに懐疑的である。しかし、もしそのようなルールを用いるのであれば、債務そのものではなく、$\left(\frac{r-g}{1+g}\right)b(-1)$として定義される債務返済にプライマリーバランスの黒字を充当することを基本とすべきだ。ただし、中央銀行が実効下限制約で拘束されている場合にはより大きなプライマリーバランスの赤字を許容する必要があるなど、例外を含むことは避けることはできない。


第5章では、債務と財政赤字による厚生面のベネフィットとコストを検討し、財政政策へのインプリケーションを導き出す。

抽象的で多少難解な論点、つまり、確実性と不確実性の下において、債務が厚生に及ぼす影響について論じることから始めるが、それは実際に財政政策の論争の中心となるものだ。

確実性下での債務の厚生面のコストについて考えてみよう。公的債務は、「将来を担保にする」ようなものとして悪者のように扱われることが多い。そのため、公的債務を増加させることは実際には良いことであり（使途を無視して公的債務それ自体だけを見て）厚生を増加させる可能性があるという考え方は直観に反するように感じられるだろう。そこで、確実性の仮定の下において現時点で判明している答えを考察しよう。

その答えは、債務は実際に良いものである可能性があり、確実性下ではその条件がまさに（r－g）＜0である。その答えに向けて2つのステップを踏んでいく。まず、（r－g）＜0であれば、資本蓄積が低下しても厚生が増加することをエドムンド・フェルプス（Phelps 1961）による「黄金律」は導く。そして、（r－g）＜0であれば、債務を発行すると資本蓄積が減少し、現在の世代と将来の世代の両方の厚生が増加することをピーター・ダイアモンド（Diamond 1965）による世代重複モデルが導く。これらは明らかに重要かつ興味深いものだ。しかし、これらは出発点に過ぎない。

大きな問題はやはり不確実性である。確実性の仮定の下では金利は1つだけとなり、rとgの比較は単純である。しかし、現実には、それぞれのリスクの特徴が異なることを反映して、様々な金利が存在する。現在、安全金利は経済成長率よりも実際に低い。しかし、測定の限りでは、資本の平均限界生産性は経済成長率よりも十分に高いものとなっている。それでは、どの金利が重要だろうか。これは研究途上だが、最近の研究によってこの問題に対する理解が深まっている。

例えば、高貯蓄と資本の過剰蓄積の潜在的な要因として有限な寿命に着目したダイアモンドのモデルでは、安全金利の役割は大きいものの、通常では関連する金利はそれらの2つの金利の組み合わせとなる。データを見ると、その関連する金利と経済成長率はかなり近く、黄金律のどちら側にあるのかを実証的に判断するのは困難である。また、保険の不在により予備的貯蓄が高水準となり、資本の過剰蓄積につながる可能性があるモデルでは、やはり安全金利の役割が大きい。ただし、その場合、債務も有効ではあるが、資本の過剰蓄積を解消する方法としては低水準のrの原因に直接作用する社会保険の提供が債務よりも有効だろう。

全体を見れば、現在の状況では、公的債務は良くはないかもしれないが、非常に悪い、つまり厚生面のコストが大きいとは考えにくく、（r－g）がマイナスであるほど厚生面のコストは低下するということが慎重に見積もっての結論である。

コストからベネフィットに目を向けると、財政赤字と債務の主な潜在的なベネフィットはマクロ経済の安定化における財政政策の役割から生じ、例えば金融政策が実効下限制約に拘束される場合における中心的な課題である。総需要に対する債務、政府支出、税（そして、財政赤字）の役割を検討する。債務の増加は資産に影響し、その結果、消費需要に影響する。政府支出の増加は総需要に直接影響し、減税は消費と投資に影響することで総需要を変化させる。乗数、つまり政府支出と税が生産に及ぼす影響については大論争があり、新しい実証研究も数多く見られるため、これまでに得られた知見を紹介する。基本的な結論は、乗数は予想される通りの符号を有し、財政政策は実際に総需要に影響を与えるために活用できるというものだ。

債務と財政赤字の厚生面のコストとベネフィットに関する結論をまとめることで、財政政策へのインプリケーションを導くことができる。財政政策には2つの極端なアプローチがあると考えることができる。1つ目は、**純粋財政論**と呼ぼう。債務や財政赤字の役割に注目するものであり、例えば財政政策の変化に対応して金融政策が生産を潜在水準に保つことができることを暗黙に仮定することで、財政政策による需要や生産への影響を考慮しないものだ。このアプローチによって債務が大きすぎるとなれば、財政政策は債務削減に注力することとなる。2つ目のアプローチは、**純粋機能的財政論**（アバ・ラーナー［Lerner 1943］によって初めて用いられた名にちなんでいる）と呼ぼう。金融政策が実効下限制約に拘束される場合のように、生産を潜在水準に維持するために財政政策が果たす潜在的な役割に注目するものだ。

私は、正しい財政政策とはこれらの2つのアプローチの混合だと考えている。そして、どちらのアプローチを重視するかは、中立金利の水準に依存する。中立金利が低いほど、一方では財政面でも厚生面でも債務のコストは低く、他方では金融政策の余地は少ないことから、そのために債務が増加したとしても純粋機能的財政アプローチに焦点を当てて財政赤字を用いて需要を保つべきである。中立金利が高いほど、一方では財政面でも厚生面でも債務のコストは高くなり、他方で金融政策の余地は大きく、財政政策は純粋財政アプローチに焦点を当てるべきであり、債務の水準が高すぎる場合には債務縮小を行うべきものとなる。本章の締めくくりでは、インフレ目標の役割や、長期停滞が深刻化する場合における総需要増加のための財政赤字に代わる選択肢など、関連する多くの論点を議論する。

第6章では、財政政策の実践として3つのエピソードを検討しよう。

本章では、良くも悪くも財政政策が大きな役割を果たした、あるいは現在も果たしている近年の3つのエピソードを取り上げている。本章の目的は、それらのエピソードを完全に評論することではなく(そのためにはもう一冊の本が必要だ)、これまでの分析に照らして財政政策の選択を説明し、議論することである。多少戯画化すると、これらの3つのエピソードはそれぞれ、「少なすぎた」「ちょうどよかった」「過剰だった」と表現できる。

財政政策が少なすぎた?:最初のケースでは、世界金融危機後に行われた「緊縮財政」の時期について検討しよう。危機の結果として債務が大幅に増加し、債務削減に急速に焦点が移った。特にEUでは、強力な財政再建に取り組んだ。少なくとも欧州では、財政再建の動きが強力で、市場も政策立案者も伝統的な債務観に囚われ過ぎており、生産への大幅な費用が生じたという点で、現在では幅広い合意が得られている。

財政政策がちょうどよかった?:第二のケースでは、過去30年間の日本経済について検討しよう。日本は欧米よりも早く1990年代半ばから実効下限制約を経験し、それに留まってきた。中央銀行がインフレ目標を達成できず、経済成長率は低く、債務比率は着実に上昇して純債務で170%以上、総債務で250%以上に達するなど、日本のマクロ経済政策は失敗と評されることも多い。だが、これはむしろ、非常に低迷する民間需要を積極的な財政・金融政策の活用によって補ったのであり、一応の成功を収めたと見るべきだ。

生産の水準は潜在水準近くに留まっている。経済成長率は低いが、これは人口動態によるものであり、生産性が原因ではなく、高水準の債務のせいでもない。インフレは低く、インフレ目標より低いが、これは大きな失敗ではない。とはいえ、先行きを見れば心配すべき点もみられる。それは債務比率が非常に高いことだ。今のところ、投資家は心配しておらず、10年名目金利はゼロに近い。しかし、このまま債務を増加させ続けることは可能だろうか。金利が上昇したらどうなるのか。代替案はあるのか。

財政政策が過剰だった? 第三のケースでは、2021年初めに米国のバイデン政権が打ち出した景気刺激策である**米国救済計画**（ARP: American Rescue Plan）の効果について検討しよう。2020年の財政政策の焦点は、家計と企業の保護にあった。そして、2021年初頭には、財政政策の対象は保護から回復の維持へと部分的に移行した。このプログラムの規模は観測される需給ギャップに比して極めて大規模なものであった。その戦略は（意図的かどうかは別として）、実質的には二重の構造であった。財務省にとっては総需要を強力に拡大させ、その結果、実効下限制約を緩和するために中立金利を上昇させることであった。一方、FRBにとっては、政策金利の中立金利への調整を遅らせることで、ある程度の経済の過熱を許容し、その過程でわずかに高めのインフレを発生させることであった。

このプログラムに対しては、規模が大きすぎたために、経済の過熱と過度のインフレに対する懸念が、私も含めて多くから見られることとなった。過度なインフレにより、むしろインフレ抑制のためにＦＲＢは金利引き上げを余儀なくされ、名目金利・実質金利の高止まりをもたらすかもしれない。本書執筆時点の状況を確認する。

第7章では本書の基本的な主張を要約し、今後探究すべき残された課題を議論し、結論とする。

第2章

導入

Preliminaries

低金利が本書のストーリーの中心だ。これを念頭に置いて、本章では本書を通じて重要となる金利に関する5つの考えを紹介する。

最初の考えは、中立金利r^*だ。これは、同義の2つの方法で定義することができる。

中立金利の1つ目の定義は、生産が潜在生産量の水準にあると仮定したときに、貯蓄が投資と一致する実質安全金利である。中立金利の2つ目の定義は、総需要が潜在生産量と一致する場合の実質安全金利である。この2つの定義は確かに同義であるが、中立金利を決定する要因に関する異なる考え方を示唆するものであり、後に有用なものとなる。

第二の考えは、安全金利と株式収益率のようなリスク金利の区別だ。リスク認識やリスク回避の度合いが高まることによって、どのようにリスク金利が上昇し、安全金利が低下するかを示す。第3章のデータにおいて確認するように、安全金利の低さの要因を考えると、この区別が実証的に重要である。現在の低水準の安全金利は、貯蓄や投資の変化によるものだろうか、それともリスク上昇やリスク回避によるものだろうか。

第三に、金利の決定における中央銀行の役割を検討する。中央銀行の事実上のマンデートは、実際の実質安全金利rを中立金利r^*に可能な限り近づけることであり、それにより生産を潜在生産量に近づけることである。現在の低金利について中央銀行が非難されることがあるが、中央銀行が設定する金利は主に低水準の中立金利を反映したものであり、それ自体が、r^*や貯蓄、投資、リスク、リスク回避の変動の背後にある要因を反映している点が重要である。つまり、中央銀行は低金利の責めを負うものではなく、背後に存在するファンダメンタルズ要因を反映しているに過ぎない。

第四に、不等式（r－g）＜0の重要性について論じる。ここでrは実質安全金利、gは実質経済成長率である。rがgよりも小さい時、債務は償還されない限りrの率で増加する一方、gの率で生産が拡大する。したがって、新たな債務が発行されなければ、生産に対する債務の比率は時間とともに低下し、より好ましい債務ダイナミクスをもたらす。当面の間、rがgよりも小さい状況が続くと高い確率で想定されることから、このことが後に議論する財政政策において大きな意味を持つ。

第5節では、実効下限制約（ELB: effective lower bound）の性質と意味について述べる。人々はゼロの名目金利が付く現金を保有できるため、中央銀行は名目政策金利をゼロより大幅に低く設定することができない。つまり、インフレにより実現されるマイナス幅よりも大幅に低い実質政策金利を実現することはできない。そして、この金利を実効下限制約金利と呼び、r_{min}と表すこととしよう。

このため、r^*が非常に低い場合、r^*に合わせてrを低下させることが困難となり、$r>r^*$の状況となる可能性がある。つまり、金融政策が生産を潜在生産量に維持するための余地が低下する、あるいはその余地がなくなってしまう可能性がある。これは、今日、多くの中央銀行が置かれている状況であり、このことも、後に触れる財政政策の議論に大きな意味を持つ。

まとめよう。中立金利r^*が低下を続ける中で、2つの重要な閾値を突破した。第一に、r^*、ひいてはrは、gより小さいことである。このことは、債務ダイナミクスや財政政策一般に対して重要なインプリケーションを有する。第二に、r^*が非常に低いために、実効下限制約金利r_{min}よりも低い状況も現れている。この場合、金融政策が生産を潜在水準に維持する余地が限定されるため、財政政策の活用の必要性が高まる。

2-1 — 中立金利r^*

金利の決定要因について、簡略化した考え方を紹介することから議論を始めよう。金利は1つだけ、つまり、貯蓄と投資が等しくなる実質金利（実質金利は名目金利から予想インフレ率を差し引いたもの）のみが存在すると仮定する。貯蓄と投資が等しいという均衡条件は式（2．1）の通りだ。

$$S(Y, r, .) = I(Y, r, .) \qquad (2.1)$$

Sは貯蓄であり、貯蓄は、所得Y、実質金利r、およびドットとして表現した貯蓄を変動させる他の要因に依存する。Iは投資であり、投資もまた生産Y、実質金利r、およびドットとして表現した投資を変動させる他の要因に依存する。

$$S(Y^*, r^*, .) = I(Y^*, r^*, .) \qquad (2.2)$$

なお、ここでは簡略化のため、政府の役割は明示的には取り扱っていない。貯蓄は民間と政府の貯蓄を、投資は民間と政府の投資を表していると考えよう。財政政策が貯蓄と投資にどのような影響を与えるかは中心的な課題であり、後ほど詳しく説明するが、ここでの議論には必要ではない。

また、外国との取引を行う開放経済の場合には国内の貯蓄と国内の投資が一致しない可能性があることを取り扱っていないことにも留意しよう。ただし、世界全体では貯蓄と投資が一致しなければならない。この問題は、後ほど、r^*が国ごとの固有の要因によって決定されると考えるべきか、それとも世界的な要因によって決定されると考えるべきかを議論する際に、再び取り上げる。

生産が潜在生産量Y^*と等しいと仮定する。そして、均衡条件では、貯蓄が投資と等しくなるように実質金利の値が決定され、それを中立金利と呼び、r^*と表記する。r^*は式(2.2)の条件を満たす。

この均衡は、横軸に貯蓄と投資、縦軸に金利をとって、**図2-1**に示している。貯蓄も投資も、$Y = Y^*$と仮定して、金利に対応してプロットされる。貯蓄は金利に対応して増加し、投資は金利に対応して減少する。均衡は点Aで示されており、対応する中立金利がr^*である。

このことから、中立金利の第一の定義が得られる。**中立金利r^*は、生産が潜在生**

図2-1　中立金利の決定

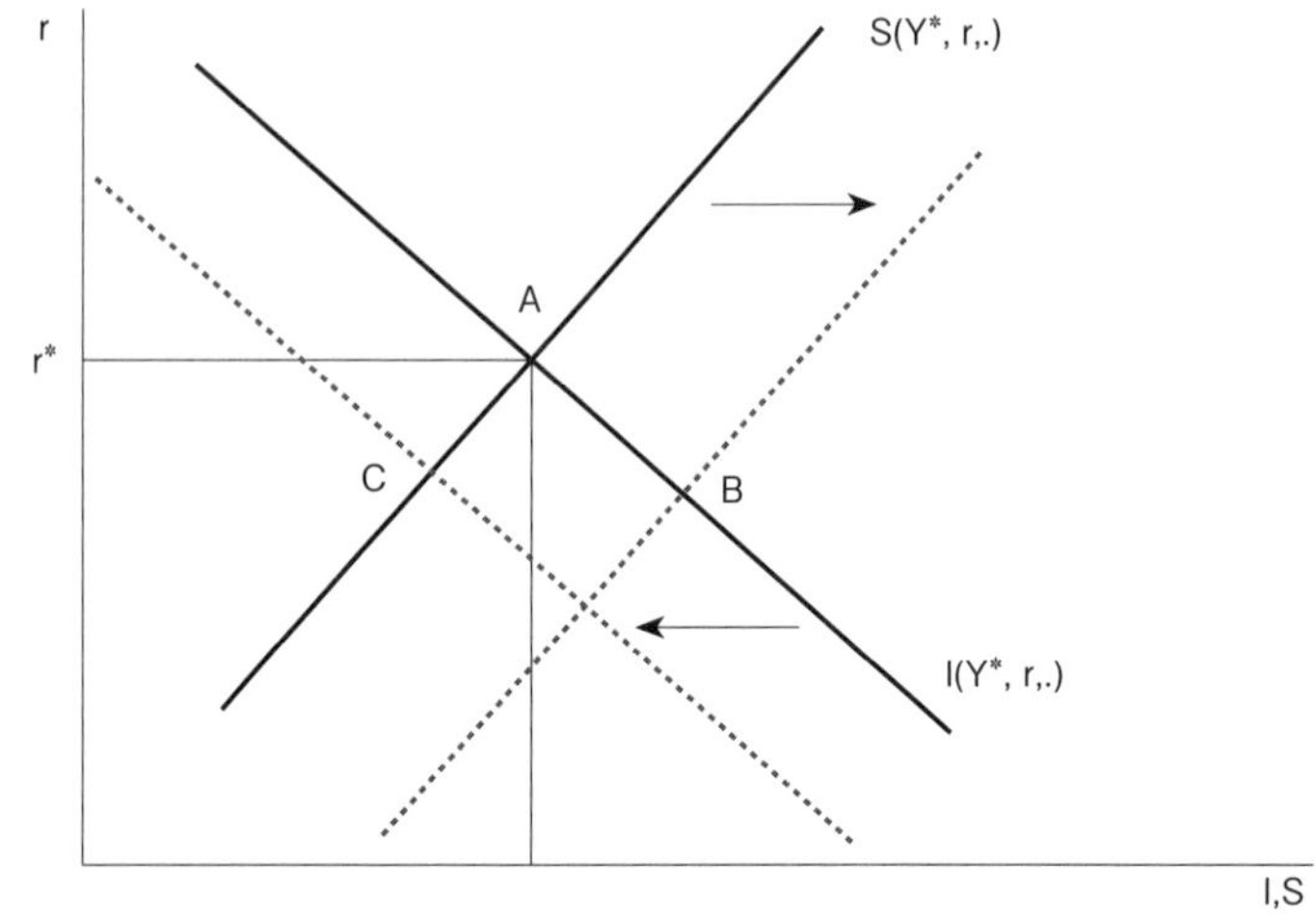

産量と等しいと仮定したときに、貯蓄が投資と等しくなる実質金利である。

貯蓄が増加すると貯蓄関係は右にシフトし、貯蓄と投資が増加し、中立金利が低下する点Bで均衡する。投資が減少すると投資関係は左にシフトし、貯蓄と投資が減少し、中立金利も低下する点Cで均衡する。

もう1つの同等のr^*の考え方があり、これも有用である。消費を$C = Y - S$と定義し、式(2.1)を式(2.3)のように書き直す。

生産は、消費と投資の合計である総需要に等しい(消費と投資には政府消費と政府投資も含まれることを思い出そう)。総需要が潜在生産量に等しくなる金利として、r^*は式(2.4)のように定義できる。

この均衡は、横軸に生産、縦軸に総需要をとって**図2-2**に示している。ケインジア

$$Y = C(Y, r,.) + I(Y, r,.) \tag{2.3}$$

$$Y^* = C(Y^*, r^*,.) + I(Y^*, r^*,.) \tag{2.4}$$

ン・クロス（45度線分析）として知られるものだ。総需要C＋Iは任意の値の金利rで決定されるYの関数として導かれる。C＋IはYに沿って増加し（限界消費性向と限界投資性向の和が1よりも小さいという通常の仮定の下では45度線より緩やかな傾きとなる）、金利が上昇すると消費と投資が減少し、総需要が縮小する。金利が低下すると総需要が拡大する。

任意の値のrに対して、均衡生産水準は、C＋Iと45度線（Y＝Y）の交点で与えられる。中立金利r^*は、均衡生産水準が潜在生産量Y^*と等しくなるものだ。rがr^*より大きければ総需要は小さくなり、均衡生産量は潜在生産量よりも低く、$Y < Y^*$となる。rがr^*より小さければ総需要は大きくなり、均衡生産量は潜在生産量の水準よりも高く、$Y > Y^*$となる。

このことから、中立金利の第二の定義が導かれる。**中立金利r^*は、潜在生産量と等しい生産量を総需要が生み出すような実質金利である。**

r^*の値が同じとなるにもかかわらず、なぜ2つの定義があるのだろうか。それらは当然、r^*の異なる決定要因へ焦点を当てるからだ。

- 第一の定義は、貯蓄と投資の決定要因として、人口のような低頻度の決

図2-2　中立金利の決定:代替的な表現

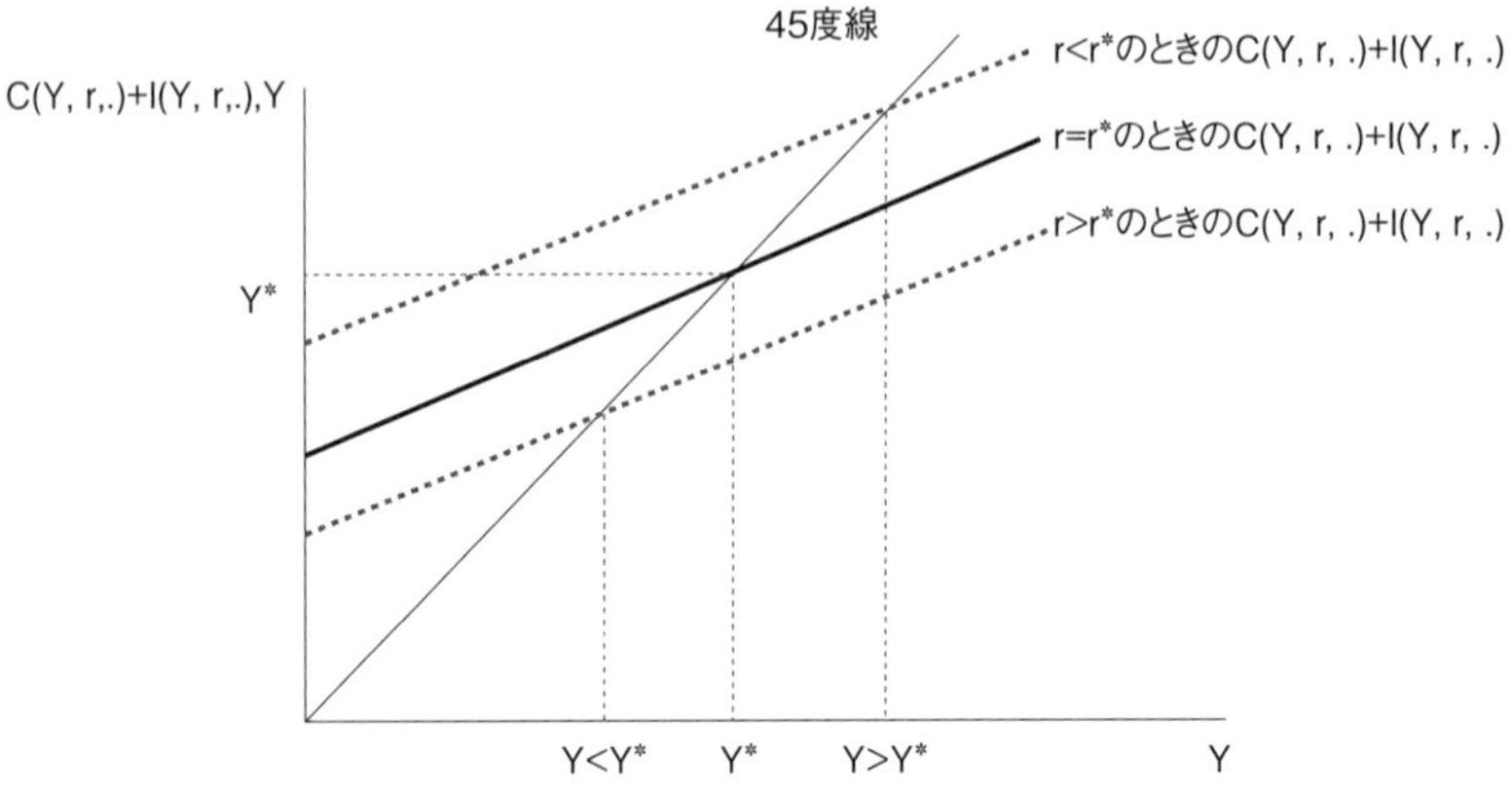

定要因に焦点を当てるものだ。

- 第二の定義は、例えば世界金融危機の発生時の総需要の縮小や、財政政策について言えば米国のバイデン大統領が署名した2021年初頭の景気刺激策によって引き起こされた需要増加のように、短期的な決定要因に焦点を当てるものだ。

いずれの要因も明らかに重要であり、それらの要因、特に財政政策については追って探求しよう。[1]

2-2 安全金利とリスク金利(rとr+x)

安全/リスク、短期/長期、企業の債券/国債、株式や住宅やコモディティーやビットコインの収益率など、様々な金利や収益率が存在する。少なくとも、安全金利とリスク金利の区別を導入することが後々の議論にとって重要である。そこで、安全金利とリスク金利の2つの金利があるとしよう。貯蓄は安全金利(国債の金利と考えよう)に依存し、投資はリスク金利(株式の期待収益率と考えよう)に依存すると仮定する。リスク金利をr+xと表現すると、xは安全金利に対するリスクプレミアムを示すものだ。[2]

1 金融政策の文脈でのr*の定義は、ここでの議論とは多少異なる定義を用いることが多い。例えば、私の定義したr*の平滑化したバージョンやショックの影響が一巡した後に生産を潜在水準に保つ金利である(例えば、Bomfim 1997やLaubach and Williams 2003)。これらの研究者がr*を推定するために用いる様々な計量経済学的手法(最もよく知られているものはLaubachとWilliamsの手法)では私の定義するr*よりも滑らかである。r*の動きはゆっくりなものであるから、研究者はテイラー・ルールのような代替的な金融政策のルールを構築しており、これは平滑化したr*から短期的なr*が乖離することへ反応するものであり、同様に、潜在水準からの生産の乖離や目標インフレからのインフレの乖離へ反応するものである。本書では金融政策よりも財政政策に焦点を当てており、金融政策がr=r*を目指すという仮定と合わせると、私のr*の定義は有用な簡略化であるといえよう。

$$S(Y, r,.) = I(Y, r + x,.) \qquad (2.5)$$

$$S(Y^*, r^*,.) = I(Y^*, r^* + x,.) \qquad (2.6)$$

この場合、均衡条件は式（2．5）の通りである。

また、中立安全金利は式（2．6）で示される。

この均衡は、縦軸に安全金利、横軸に貯蓄と投資をとって、**図2－3**に示している。任意の潜在生産量について貯蓄は安全金利の増加関数となる。任意の潜在生産量について投資はリスク金利の減少関数であり、したがって、任意のリスクプレミアムに対応する安全金利の減少関数である。均衡は点Aであり、安全金利はr^*であり、リスク金利は$r^* + x$である。

リスクプレミアムが増加すると（$\Delta x > 0$と記そう）、それがリスクの増加とリスク回避の上昇のいずれの要因であっても、投資関係は下方にΔx分シフトし、安全金利の低下（Δr^*）を招く。r^*の低下幅はΔxより小さいので、リスク金利の上昇をもたらす。

そこで、安全金利が低下するもう1つの理由は（先に見た貯蓄と投資のシフトに加えて）、リスク回避度の上昇またはリスク自体の増加によるリスクプレミアムの増加であることがわかる。リスクではなく流動性についても、また、リスク資産に対するリスクプレミアムではなく安全資産に対する流動性割引についても、同様の議論が成り立つ。安全金利を伴う資産、例えば財務省証券は流動性が高く、リスク資産は流動性が低いと考えれば、流動性への需要

図2-3　安全金利、リスク金利、リスクプレミアム

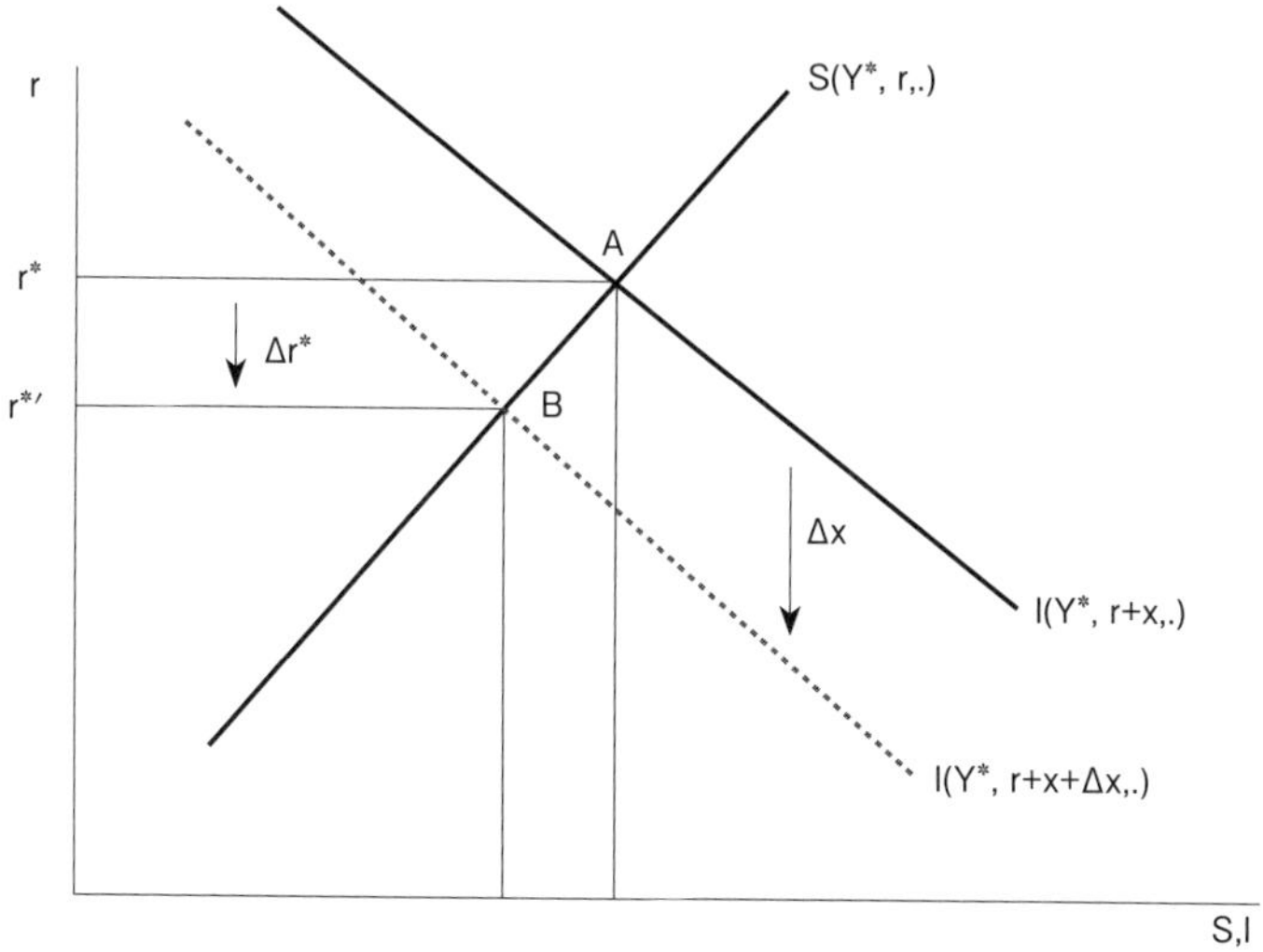

が高まれば安全な（流動性の高い）金利は低下し、流動性の低い金利は上昇する。

以上から、中立金利の動きを説明するものとして、貯蓄の変化、投資の変化、リスクプレミアムの変化、流動性割引の変化という4つの要因が与えられる。第3章では、これらの要因の相対的な寄与について、現時点で理解されていることを議論しよう。

2　金融仲介業者が、個人から安全金利で借り入れ、企業にはリスク金利で貸し出すと考えることもできる。より現実的だが、より複雑な形式で表現すれば、貯蓄者は安全資産とリスク資産を選択でき、企業はリスク投資へのアクセスを有しており、安全資産とリスク資産の組み合わせで資金調達するかどうかを決定しなければならないと仮定することができる。リスクまたはリスク回避の増大はリスクプレミアムを増加させ、安全金利を低下させるという結論は同じだ。

2-3 中央銀行の役割——$r=r^*$の実現を試みるもの

中央銀行の役割は、インフレの上昇を招きかねない経済の過熱や、過度な失業につながる低温を避けることである。[3] 中立金利の定義が生産を潜在水準に維持する金利であることから、$r=r^*$を設定しようと試みるものとして中央銀行を捉えることができる。例えば、総需要が縮小し、r^*が低下する場合には通常、中央銀行は生産の減少を防ぐためにr^*に合わせてrを低下させようとする。

これは、2つの重要なインプリケーションを有する。

第一に、中央銀行は$r=r^*$を達成することが常にできるわけではないが、それに近づけようと試みるということだ（追って議論する実効下限制約に依存するものでもある）。[4] つまり、ほとんどの場合（実効下限制約に拘束されない限り）、rはr^*の良い代理指標であると考えることができる。

第二のインプリケーションとして、現在の低金利について中央銀行が非難される（あるいは賞賛される）ことも多いが、その非難は見当違いであることだ。低金利は主にr^*の動きを反映しており、したがってr^*の動向の背後にある要因、つまり、高貯蓄、低投資、高リスク、リスク回避の高まり、流動性選好の高まりを反映している。

2-4 なぜ「r＜g」が重要なのか

中立金利r^*、ひいては実際の金利rが非常に低くなりうることは、投資機会の減少が投資の低迷や民間需要の低迷につながることを懸念したアルヴィン・ハンセン（Hansen 1939）によって最初に議論された。ハンセンはまた、民間需要の金利への弾力性は低く（IS－LMモデルでいえば、IS曲線は非常に急なもの）、生産を潜在水準に維持するためには、十分な需要を生み出すには、低水準、あるいはマイナスの中立金利が必要かもしれないと考えていた。ハンセンはそれを「長期停滞」（secular stagnation）と呼んだ。[5]

3 これは、公式のマンデートの表現とは異なるものだ。すべての中央銀行にとって、第一の使命は、インフレを低水準で安定させることである。すべてではないが多くの中央銀行にとっての第二の使命は、生産を潜在水準近くに維持することだ。妥当な条件下では、この2つの目的は概ね一致している。生産を潜在水準に安定的に維持することは安定的なインフレをもたらすからであり、これは「神の偶然性」（divine coincidence）として知られている（Blanchard and Galí 2007）。

4 r^*は、例えば毎月のように、大きな変動があるだろう。金融政策がこのような変動すべてに対応できないことは明らかであり、対応すべきかどうかも明らかではない。しかし例えば、1年以上にわたるrの動きを見ると、r^*の基本的な動きに近似していると考えることは合理的だ。ここでは、このような複雑な問題は無視しよう。金融政策の設計においては極めて重要ではあるものの、財政政策にはさほど重要ではない。

当時は彼の懸念は現実のものとならず、民間需要は力強く推移した。しかし、近年の動向から同様の懸念が再来し、2013年にローレンス・サマーズ（Summers 2014）が、「長期停滞」の時代に突入したかもしれず、rは長期間低水準に留まるであろうと主張した。ハンセン＝サマーズの用語が最良のものかどうかはわからないが、スタンダードになっている（私は「民間需要の構造的な低迷」の方がいいと思うが、おそらく専門的過ぎるだろう）。

過去30年間ほどr^*が低下するにつれて（これについては第3章で詳しく述べる）、r^*は2つの重要な閾値を突破した。第一に、中立金利は経済成長率よりも小さいものとなり、したがって、r^*、そしてrもgよりも低いものとなった。第二に、中立金利が非常に低くなったことで、金融政策がr^*の低下に見合うようにrを低下させることができない事態が生じた。これは実効下限制約として知られる制約である。

本節では、実質安全金利が経済成長率よりも低いときに発生することのインプリケーションに焦点を当てる。これよりも良い表現が見当たらないため、（r－g）＜0条件と呼ぶことにしよう。[6]

この不等式は、現時点では明らかに成立しており、第3章で述べるように、今後しばらくの間は成立する可能性が高い（ここで、r＜gという記述と、r＞gというトマ・ピケティ［Piketty 2014］の主張との関係を明らかにしておく。それぞれが異なる金利に言及しているため矛盾はない。私のものは安全金利であり、確かに経済成長率より小さい。ピケティのものはリスク金利、つまり、資産収益率の平均であり、確かに経済成長率より大きい）。

（r－g）の符号は、債務ダイナミクスと債務の厚生への影響について強力なインプリケーションを有する。

まず債務ダイナミクスを考えてみよう。どの借り手にとっても、低金利は良い知らせだ。もし読者や私が借金をすれば、死ぬまでに返済しなければならない。しかし、政府はその必要がない。事実上、政府は永遠の存在なので、債務の返済期限が来たら新しい債務を発行することができる。つまり、「債務の借り換え」である。すべての政府がそのようにしている。

この意味を明らかにするため、政府が当初は債務を保有せず、税と支出が等しく、予算が均衡している状態を想定してみよう。ここで、政府が1年間だけ支出を増加し、増税はせず、財政赤字の財源として国債を発行するものとする。2年目以降、支出は元に戻るので、利払い費以外の支出は再び税金で賄われるが、利払い費はそうではない。そのため、債務はrの割合で増加する。一方、生産はgの割合で増加する。[7]

長い間標準的とみなされてきたr＞gの場合、債務と生産の比率――「債務比率」と短く呼ば

5　長期停滞の概念に関するハンセンからサマーズまでの歴史は、Backhouse and Boianovsky（2016）でうまく示されている。

6　事実、「(r－g)＜0」は、経済学者の間では定着した言葉になっている。

7　債務ダイナミクスに関する詳細な議論は、第4章で行う。

れることも多い――は（r－g）の比率で指数関数的に増加し、債務比率の爆発を政府が防ぐためには遅かれ早かれ増税（または歳出の削減、あるいはその両方）をせざるを得ない。しかし、現在我々が置かれている状況、そして今後しばらくはそうであると予想される状況であるr＜gであれば、債務比率は時間とともに低下する。実際、r＜gが永遠に続くなら、政府は当面の間は支出を増加させ、国債を発行しつつ全く増税をしないことも可能だ。このように、債務の増加は将来の増税の必要性を意味するという標準的な考え方は、今では成り立たないように見える。

次に、厚生へのインプリケーションを検討しよう。低水準のrは、経済に何らかの問題があることを示すものだ。つまり、安全金利をリスク調整後の資本収益率と考えれば、低水準の安全金利は、リスクを調整した場合の資本収益率が低水準であることを示している。言い換えれば、資本の生産性が高くないというシグナルを発している。そうであれば、債務が資本をクラウディングアウトさせ、資本蓄積を減少させても、債務の費用は大きくないかもしれない。そもそもの資本が過剰であれば、有益な可能性すら存在する。

これはかなり劇的な結果である。もしr＜gが本当に永遠に続くのであれば、債務に対して非常に安心した姿勢を取ることができるだろう。しかし、後に検討するように、これには2つの強い注意事項がある。第一に、債務と財政赤字は総需要を増加させることでr^*を上昇させる。中央銀行がrをr^*と等しくなるように設定すれば、rが上昇し、不等式の符号を変え、債務ダイナミクスを標準的な状況に戻す可能性がある。第二に、r＜gが永遠に（あるいは少なくとも非常に長い間）続くと断言できるわけではない。そうでなくなった場合、どのような調整が必要となるかを考えなければならない。

そこで、rとgが将来どうなるかということが重要な問いとなる。そのためには、歴史を振り返り、潜在的な要因を探り、将来どのような変化を遂げるかを考える必要がある。これが第3章のテーマである。債務ダイナミクス、厚生、そして財政政策一般へのインプリケーションについては、その後の章のテーマだ。

2-5 名目金利と実質金利、実効下限制約

これまでは、r^*と等しいか少なくとも近い値に中央銀行がrを設定できると想定してきた。つまり、需要が急減し、r^*が急低下した場合、中央銀行はr^*の低下に見合うようにrを低下させることができるという仮定だ。しかし、r^*が非常に低い場合は、そうではない可能性がある。

歴史的に、米国の1960年以降の9回の景気後退期における（名目）政策金利の低下幅は2％～8・8％であり、平均5％の低下であった。[8] これは、インフレ率が現在よりも平均的に非常に高く、名目金利も平均的に高水準にあったために可能であった。[9]

低インフレと低水準の実質中立金利である現在、中央銀行はr^*に対応してrを低下させる余

地をほとんど失っている。中央銀行が直接コントロールするものは名目金利であり、実質金利ではない。一次近似的に、名目金利はマイナスにならない。これは**ゼロ金利制約**（ZLB: zero lower bound）と呼ばれる制約である。[10]なぜなら、名目金利がマイナスになれば債券よりも現金を保有する方が有利であり、人々は現金の保有に移るからである。これは、単純だが重要な意味を有する。

実質金利r、名目金利i、予想インフレ率π^eの関係を書き下すと、式（2．7）のようになる。

$$r = i - \pi^e \qquad (2.7)$$

名目金利がマイナスになりえないのであれば、実質金利の最も低い値は、予想インフレ率を差し引いたマイナスの値である$-\pi^e$となる。[11]国によるが企業や投資家の今後5年のインフレ予想は2％から3％であり、名目金利をマイナスにできなければ、実質金利の下限は5年実質金利から2％から3％差し引いた値ということになる。[12]

しかし、中央銀行は、名目金利をわずかにマイナスに設定しても、現金への大きな移行を引き起こすことはないことを学習した。非常に大量の現金を保有することは不便であり、潜在的に危険であり、単に実現不可能なこともある。例えば、銀行が保有する債券を売却して現金に置き換える場合、膨大な量の現金を保有しなければならなくなり、安全上のリスクが生じる。[13]

そのため、第1章の**表1-1**で示したように、多くの中央銀行が名目金利を**マイナス**に設定できるようになっている。例えば、本書執筆時点では、スイスの政策金利はマイナス0・75%である。これを反映して、金融政策の制約条件は、今ではゼロ金利制約ではなく、**実効下限制約**

---

8 Summers(2016)の図17を参照。そして連邦準備理事会(FRB)は、以下で述べるゼロ金利制約に拘束されていなかったとすれば、世界金融危機への対応として、さらに大幅に金利を下げていただろう。

9 長期的には、実質中立金利と平均インフレ率の和を名目金利が反映することをフィッシャー効果は意味する。

10 この状況は「流動性の罠」とも呼ばれる。名目金利がゼロに低下すると、それ以上貨幣(流動性)を増やしても名目金利に影響を与えなくなる。債券と貨幣の利回りが同じ、つまりゼロになると、貨幣の保有と債券の保有は同義となる。そのため、レートが変わらなくても債券を貨幣と交換することを望むようになる。ポール・クルーグマン(Krugman 1998)は、流動性の罠の政策的インプリケーションを強調した最初の研究者の一人である。クルーグマンの論文は財政政策よりも金融政策に焦点を当てたものだ。私は財政政策へのインプリケーションに焦点を当てたい。

11 実際、本文中の名目金利、実質金利、予想インフレ率の関係は近似に過ぎないが、予想インフレ率が低い場合には良い近似である。来期に$1+i$ドルを約束する1期の債券を保有する場合、期待実質収益率は$(1+i)P/P^e$で与えられ、Pは今期の物価水準、$P^e(+1)$は来期の予想物価水準となる。$P/P^e(+1)=1/(1+\pi^e)$に注意すると、ここでπ^eは予想インフレ率であるから、$(1+r)=(1+i)/(1+\pi^e)$、あるいは$r=(i-\pi^e)/(1+\pi^e)$という関係式が成り立つ。本文の式では、$(1+\pi^e)$の項を無視しているが、これはよほどインフレ率が高くない限り、1に極めて近い値である。

12 本書執筆時点では、米国の財政刺激策が経済の過熱を招き、当面インフレ率が上昇し、予想インフレ率の上昇、実質金利の下限の低下をもたらすのではないかとの懸念もある。現在の景気刺激策のインプリケーションについては、第6章で議論する。

13 10億ドルを1ドル札で保有すると、約1、129立方メートル、例えば10・4メートル辺の箱が必要になる。銀行は1ドル札で保有する必要はないだろうが。

と呼ばれるようになった。しかし、名目金利のマイナスによる追加的な余地は、過去に必要であった r の引き下げ幅と比較すると小さい。[14]

実効下限制約は、財政政策に関する2つの明確なインプリケーションを有する。

- 本書執筆時点のように、多くの先進国で実効下限制約に厳格に拘束され、需給ギャップが未だにマイナスの状況では、金融政策が需要や生産を増加させる余地はない。言い換えると、r^*がr_{min}より低ければ、中央銀行は r をr^*まで引き下げることができず、生産を潜在水準に回復するための需要増の責任は、財政政策がすべて負わなければならない。
- いずれ起こりうることであり、本書が出版される頃には実際に起こっているかもしれないが、総需要が強力になり、r^*が実効下限制約よりも高くなれば、実効下限制約にはもはや厳格には拘束されず、ほとんどの名目金利が再びプラスに転じるだろう。しかし、中央銀行が需要への大きなショックに対応できるほどの十分に高い水準の金利とはなりそうもない。その場合、需要の縮小に対応するためには、財政政策が主要な政策手段とならなければならない。

結論に移る前に、長期停滞と実効下限制約との重要な概念上の違いを指摘したい。長期停滞、つまり、r^*が非常に低水準であって（$r-g$）＜0となることは、経済のファンダメンタルズを反映しており、状況を変化させることは簡単ではないかもしれない。実効下限制約はむしろ自傷行為であり、サッカーの言葉で言えばオウンゴールである。過去30年ほどの低インフレ率は、中央銀行が選んだインフレ目標（通常2％前後）を大きく反映したものだ。[15]

もし中央銀行がより高い目標を選んでいたら、インフレ率はもっと高く、その結果期待されたインフレが実現されていただろう。名目金利も高く、必要なときに金利をさらに引き下げる余地もあっただろう。適切なインフレ目標に関する議論は長期に渡っており、決着には程遠い。しかし、目標が低すぎる場合、そして実効下限制約が厳格に拘束、あるいは潜在的に拘束する場合、マクロ経済の安定化は財政政策によって達成されなければならないことが多くなり、それにもコストがかかることが無視される場合も多い。[16]

14　中央銀行のもう1つの道具は量的緩和であり、満期が長期の債券を購入してその利回りを引き下げることである。量的緩和については、本書の様々な場面で触れることにする。マイナス金利と同様に、量的緩和は多少役に立っているが、中立金利r*が大幅に低下した場合に中央銀行に十分な余地を与えるほどではない。

15　FRBは2012年に2％という明確なインフレ目標を採用した。この目標の選択は、インフレのコストとインフレのベネフィット（特にゼロ金利制約に達する確率の低下）のバランスを取るためであると考えられた。このトレードオフを評価するために使われたほとんどのモデルは、ゼロ金利制約に達する確率を過小評価していたと言ってよいだろう。

16　実効下限制約を緩和するもう1つの方法は、特にケネス・ロゴフ（Rogoff 2017）が提案するものだが、現金を廃止することである。銀行預金しかなければ、預金金利はマイナスにでき、それを回避する資産は存在しないことになる。これは現段階では実現不可能であるが、将来的にはそうなる可能性もあるだろう。

2-6 — 結論

これで、財政政策を考えるに当たっての必要なツールは揃った。そして、(r－g)＜0と実効下限制約の基本的な意味合いについては理解いただけただろう。

- (r－g)が今後長期間にわたってマイナスのままである限り、財政面でも厚生面でも、債務はあまりコストがかからないかもしれない。
- 実効下限制約が厳格にも潜在的にも拘束し続ける限り、生産を潜在水準に維持するために、財政政策、つまり、より大きな財政赤字が必要となる可能性がある。
- これは、債務のコストが低く、財政赤字(債務)のベネフィット(生産)が大きい経済環境を意味している。

だが、中立金利は今後どうなるだろうか。これが第3章のテーマである。

第 3 章

金利の変遷、過去と未来

The Evolution of Interest Rates, Past and Future

本章は4節構成で、実質安全金利の変遷を時系列で見ることから始めよう。

第1節（3－1）では、中央銀行のインフレ抑制政策を概ねの要因とする1980年代半ばの高水準の実質金利を除けば、過去30年間、米国、ユーロ圏、日本といった先進国の至るところで実質安全金利が着実に低下していることを示そう。この金利低下は、2000年代後半の世界金融危機や今般のコロナ危機に起因するというよりは、もっと持続的な要因によるものだ。

金利低下によって経済成長率と安全金利のギャップが拡大し、（r－g）のマイナスの値が拡大している。潜在成長率の若干の低下に対して、金利の低下はより急激である。過去にもマイナスの（r－g）の時期はあったが、現在は違う要因のようだ。戦争でも、低名目金利下のインフレ爆発でも、金融抑圧でもない。

安全金利の低下には様々な潜在的要因が存在する。貯蓄・投資や無リスク金利・リスク金利に与える影響は、要因によって異なる。貯蓄・投資に関する要因は、すべての金利に概ね同様の影響を与える。リスク・流動性に関する要因は、安全金利の低下とリスク金利の上昇をもたらす。エビデンスによれば、両方の要因が作用しているようだ。それらの組み合わせの中で安全金利の低下の要因の候補は数多く存在するが、具体的な影響を特定することは困難である。

本章では、2つの潜在的な要因について詳しく見ていこう。まず誤解を招きかねないものを、次に混乱が見られるものを確認しよう。

第2節（3－2）では、経済成長率と金利の関係を検討する。両者は密接に関連していると広く考えられている。実際、「オイラー方程式」として知られる効用最大化から導かれる**個々人の消費**の伸びと金利の関係に基づいて、両者の密接な関係を示唆する研究もある。しかし、この関係は、**総消費**の成長率（または生産の成長率）と金利との関係には何の示唆も与えないことを議論しよう。実際に、そして、おそらく驚くべきことに、両者の実証的関係は弱く、存在しないことも多い。潜在成長率の低下は、金利低下の主要な要因ではない。

第3節（3－3）では人口動態の影響を検討する。先進国では、出生率の低下、平均寿命の伸び、ベビーブーム効果の終焉という3つの大きな人口動態の変化が生じている。これらの変化が現在の低金利の一因となっているが、先を見据えると影響が逆転して高金利が到来すると論じる研究者もいる。だが、将来的には、寿命の伸びがより重要な要因となって、金利は上昇せず、むしろ、さらに低下する可能性が高いと私は考えている。

全体として、安全金利の長期的な低下は、将来的に恒久的に反転する可能性が低いと思われる根本的な要因に起因していることを示唆している。しかし、この結論は2つの方法により正当化される必要がある。

第一に、金利低下の要因について完全な確証はなく、金利が持続的に反転する確率が低確率ではあるが存在するという前提で財政政策が設計されるべきということだ。第二に、将来の金利の経路は外生的ではなく、財政政策それ自体に大きく依存することだ。例えば、米国のバイデン大統領が署名した2021年の景気刺激策は、総需要を増加させ、今後数年間のr^*やrの上昇につながる可能性がある。後の章で述べるように、中央銀行が実効下限制約による厳格な拘束を受けないr*の値を実現するような財政政策を実際に設計するべきだ。そのような財政政策が実現されれば、r*の将来の値、そして、rそのものの将来の値に下限が設定される。

3―1　安全金利の変遷

図3―1は、米国、ユーロ圏、日本における、10年名目金利と10年先のインフレ予想の差によって構築される国債の10年実質金利について、1992年以降の推移を示したものだ。

これらの債券に注目する理由は何だろうか。それは、デフォルトに対して概ね安全であると考えられており、安全金利の指標として優れたものであるからだ。では、なぜ10年金利なのか。その理由は、国債の満期の平均に近く、国債の平均金利の良い指標となると考えられるからだ。G20の先進国の国債の満期の平均は7年、フランスは7・8年、英国は14・8年、米国は5・8年である。[1]

1992年を起点とし、それ以前ではない理由は何だろうか。1980年代前半の実質金利は高水準であり、多くの先進国で1985年ごろがピークであった。したがって、1985年から開始すれば、この図はより一層衝撃的なものとなるであろう。しかし、それは誤解を招き

図3-1　米国、ユーロ圏、日本の10年実質金利（1992年〜2020年）

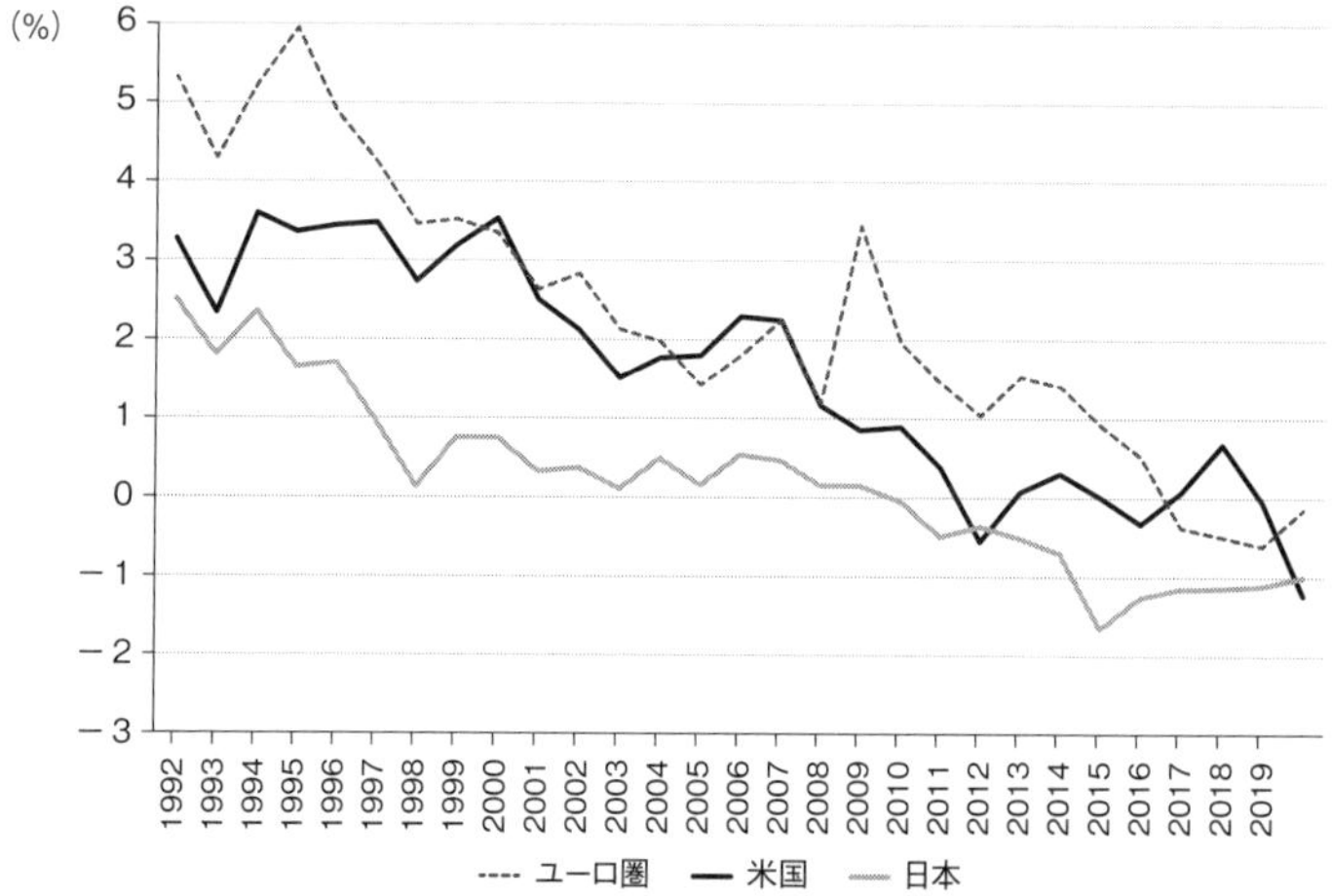

出典：米国は10年名目金利マイナス10年先のインフレ予想（Survey of Professional Forecasters）。ユーロ圏はSchnabel（2021）。日本は10年名目金利マイナス10年先のインフレ予想（Adachi and Hiraki 2021の図8より作成）

かねないものだ。その理由を把握するには、1970年代に生じたことを振り返ればよい。その10年間、原油やその他のコモディティー価格の上昇によって、インフレが進行した。中央銀行は名目金利を引き上げたが、金利の引き上げ幅はインフレを下回り、そのため実質金利は非常に低く、高インフレが継続した。米国の連邦準備理事会（FRB）議長ポール・ボルカーをはじめ、世界各地の中央銀行がインフレ抑制を決心し、金融政策の引き締めに乗り出した時期が1980年代初頭であった。その結果、高水準の実質金利が一定期間継続した。

1　出典：国際通貨基金（IMF）財政モニター（2021年4月）、Table A23.

つまり、1980年代半ばの高金利は、高水準の中立金利を反映したものではなく、中立金利を大幅に上回る実際の金利によるものであった。1990年代初頭になるとインフレ率は低水準で安定し、実質金利は中立金利に近いものとなった。これが、1992年を選んだ理由である。

なお、1990年代後半以降の日本、2000年代後半以降のユーロ圏、2000年代後半以降の米国（2010年代後半に金利上昇局面があった）のように、一部の期間では実効下限制約が拘束力を有することから、実効下限制約がなかったとすれば実際の金利はさらに低水準だったであろう。[2] 第2章の議論を踏まえれば、中立金利r*はrよりも低く、r*の系列を構築すれば、その下落はさらに顕著なものになっていただろう。

図3-1から2つの結論を導くことができる。

- 金利低下は日本において早期に始まったが（米国やユーロ圏が日本と同様の事態に陥る前には、日本固有の変化と考えられていた時期もある）、これらの3つの地域に概ね共通している。このことは、すべての国々で同様の圧力が働いていたのか、金融市場が概ね統合されているのか、あるいは、より確からしいものとして、それらの2つの組み合わせを示唆している。

・金利低下は着実に進んでおり、世界金融危機やコロナ危機のいずれを理由とするものでもない。時間をかけて金利低下が進んでおり、2つの危機は中立金利の低下を招いたものの、実効下限制約のために実際の金利には部分的にしか反映されておらず、図にはほとんど現れていない。

このような着実な金利低下と低水準の実質金利の継続は、歴史的に異例なことだろうか。時代をさらに遡ると、リアルタイムでの予測が存在せず、計量経済学的な推計も信頼性に欠けることからインフレ予想を測る尺度がなく、名目金利からインフレ予想を差し引いた事前の実質金利の構築は困難である。

他方、事後的に見た実質金利（名目金利から実現したインフレを差し引いたもの）を計算することは容易だ。20世紀の米国を通じて、実際に事後的に見た実質金利が低水準であったり、マイナスの時期もある。第二次世界大戦中と戦後はその例となるものだ。財務省が戦費を低費用で調達できるように、財務省証券の金利を非常に低い水準（0・375％）に固定することにFRBは1942年に合意した。これは金融政策の「財政従属」（fiscal dominance）である。戦後、経

2　実効下限制約は短期金利である政策金利を拘束する。しかし、10年金利のように長期の金利についても下方に限界が設定される。

済は好況となり、インフレは着実に進行し、1951年2月には20%に達し、実質金利は超低水準となった。この段階でFRBと財務省は金利ペッグの停止に合意し、1952年から実質金利は上昇した。既に触れたように、1970年代にもインフレの上昇に直面したにも関わらず、中央銀行は金利を低く抑えすぎたことがあった。これは、政策のミスであり、1980年代初頭のインフレ抑制政策を通じて元に戻すことを余儀なくされたと、現在では一般に考えられている。

現在の状況はこれらのエピソードとは全く異なるものだ。2つのエピソードとも、異なる理由により実際の金利rが中立金利r*より大幅に低かったことを示す証拠がある。現在は違う。多くの国で未だに実効下限制約が拘束的であることは、rがr*よりも高いことを意味する。低金利は、財政従属や政策ミスの結果ではなく、中立金利が非常に低いためだ。

1300年代のベネチアにおける借り入れから今日の米国債の借り入れまで、7世紀にわたる実質安全金利の系列を作り上げたポール・シュメルジング（Schmelzing 2020）の研究を参考に、長期トレンドを見ることが有用だ。[3]

図3-2もまた衝撃的な状況を示すものだが、1300年代に10%から15%あった安全金利が、現在では0%近くにまで低下している。[4] これは、年に約1・2ベーシスポイント[5]の負のトレンドがあり、低頻度の深い圧力が働いていることを意味している（1992年以降の推計では、負のトレンドはさらに強く、米国で年に約15bp、日本で20bp、ユーロ圏で18bpとされている）。

図3-2　1325年からの実質安全金利

出典：Schmelzing (2020)

この最初の節におけるエビデンスから2つの結論が導かれる。

- 長期の歴史的なエビデンスは、低頻度の根本的な圧力が働いていることを示唆している。
- 1980年代半ばの異常なほどの高金利を無視したとしても、過去とは異な

3　Mauro and Zhou (2021) による、200年以上にわたる55カ国のデータをまとめた長期データもある。事後的な実質金利が経済成長率を下回ることが確かに多かったが、本文で挙げた米国の2つの例と同様に、多くのエピソードでは財政従属や金融政策の失敗が主な原因であることを示唆するものだ。

4　この系列は移動平均の中心を採用しているが、原系列が2018年までのため、この系列は2008年までとなっている。

5　1ベーシスポイント(bp)は、年に100分の1%、つまり、0.01%である。

図3-3　米国の10年実質金利と10年実質経済成長率予測

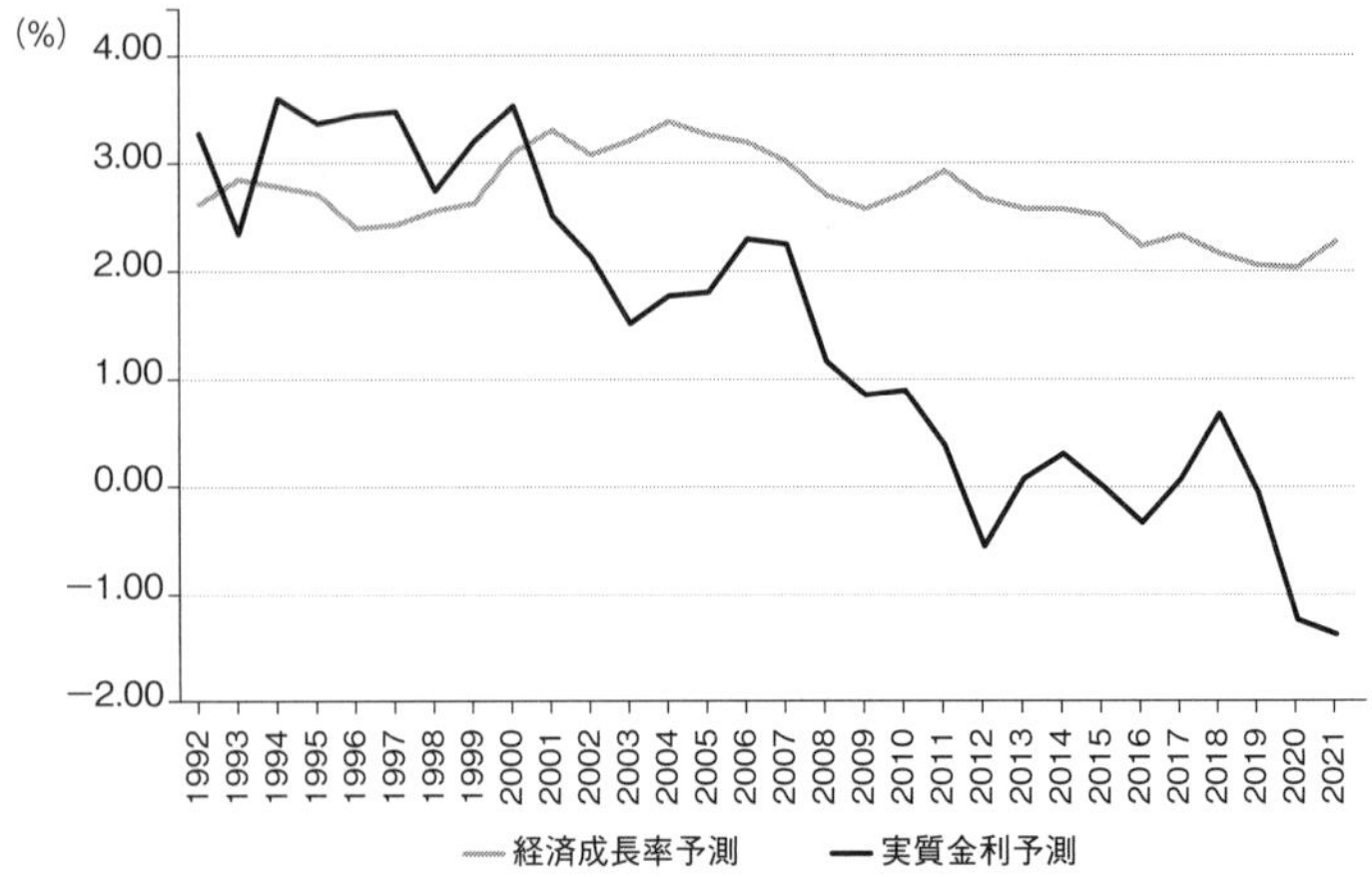

出典：Survey of Professional Forecasters (SPF). 10年名目金利からSPFの10年先のインフレ予想を差し引いたものと、SPFの10年実質経済成長率予測

る何らかの事態がこの30年間に生じている。

（r－g）の劇的な低下

第2章で検討したように、財政政策や債務ダイナミクスにとっては、rはそれほど重要ではなく、むしろr－gが重要である。**図3－3**は、米国の10年実質金利（**図3－1**と同じ系列）とフィラデルフィア連銀のSurvey of Professional Forecastersによる10年実質経済成長率予測の1992年以降の推移を示したものである。[67]

この図もまた、非常に衝撃的だ。米国の実質経済成長率予測は、1992年の2・6%から2001年の3・3%へと1990年代を通じて上昇したが、その後低下し、2021年には2・3%となっており、1992年からは多少の低下に留まる。実質安全金利は、先に見たように大幅に低下し、2000年以降、(r－g)はマイナスに転じており、さらに低下している。(入手可能な最新の予測である)2021年当初における10年先の(r－g)はマイナス3・2%であった。[8] つまり、今後10年間はrがgより大幅に低く、さらに長期間保たれると市場は予測している。2021年初頭の30年TIPS(物価連動国債)の金利はマイナス0・4%であった。今後30年間の実質経済成長率を穏当に予測して2%とすれば、今後30年間の(r－g)はマイナス2・4%となる。

このように、差が拡大しているのは普通のことではない。では、この変化の背景にある要因は何だろうか。

6 10年実質経済成長率の予測は1992年からのものだ。

7 他の国の10年経済成長率の予測は見当たらなかったが、データの大枠を確認したところ、米国と同様の結論になると思われる。

8 1つの論点は、2つの系列は同じインフレの指標を用いているわけではないことだ。実質経済成長率は名目経済成長率からGDPデフレーターを差し引いたものである。実質金利は、名目金利からSPFフォーキャストの消費者物価指数インフレ予想(GDPデフレーターではない)を差し引いて構築されている。rとgの差を計算する代替的な方法は、名目金利と名目GDP成長率予測を比較することだ。2021年当初の10年名目金利は1・3%であり、Moody's Analyticsの10年名目成長率の予測は4・5%であり、3・2%の差となる。本文と同じ数値だ。

安全金利の低下に関する潜在的な要因

金利の低下を踏まえて多くの実証研究が行われており、それらの多くは過去30～50年間を対象としているが、それより長期間のものもある。米国を対象にしたものもあれば、世界全体に注目するものもある。相関やベクトル自己回帰といった計量経済学的な手法を用いるものもあれば、カリブレーションモデルを用いるものもある。[9]

貯蓄や投資を変化させる要因としては、貯蓄と投資に対する経済成長の影響、(ベビーブームから長寿化、少子化へと変化した)人口動態の変化が貯蓄に及ぼす影響、新興市場国の外貨準備の蓄積が貯蓄に及ぼす影響、国内格差の拡大が貯蓄に及ぼす影響、資本財価格の低下や技術進歩の減速(アルヴィン・ハンセンのもともとの懸念だ)が投資に及ぼす影響、さらに、重要なことに財政政策の役割にも研究者は注目してきた。この点では、ウカシュ・ラヘルとローレンス・サマーズ(Rachel and Summers 2019)は、財政政策、特に、その間の債務比率の大幅な上昇(**表1-1**で確認したもの)が、他の条件が同じであれば、おそらくこの期間のr^*の上昇に寄与したことを強調している。言い換えれば、財政政策がなければ、r^*の低下は現在のものよりも大きくなっていたはずである。このことは、歴史的にも今後にとっても重要な点だ。r^*の見通しは、将来どのような財政政策が実施されるかに依存することとなる。

リスクプレミアムや流動性割引を変化させる要因として、投資家のリスク回避度(個々の投資家のリスク選好以上に依存する可能性があることを反映して、「市場リスク回避度」と呼ばれることも多い）の上昇の影響を研究者は検討してきた。また、より複雑な生産プロセスから生じるリスク自体の上昇の影響、投資の中で本質的にリスクが高い無形資産の割合が上昇することによるリスク上昇の影響、新興市場国による安全資産への需要増加の影響、世界金融危機後の流動性規制による安全資産・流動性資産への需要増加の影響、世界金融危機を踏まえた真に安全な資産に関する再評価、高齢者（特に退職者）が安全なポートフォリオを求める傾向があるために高齢化の影響にも研究者は注目してきた。

それぞれの要因の影響、また、過去と将来では異なる変化となる可能性があるか否かは十分な議論を行うに値するものだが、本書の範囲を超えている。私の見立てでは、これらの要因はそれらしいものではあるが、影響を定量的に特定するのは難しい。実証研究は多くの課題に直面している。

1つ目の明らかな課題は、我々が説明しようと試みている変数である r^* は直接観測できるものではなく、さらに、r と r^* の間を遮断する実効下限制約が状況を複雑にしていることだ。

次に、どの期間を見るべきかという課題がある。例えば、ラヘルとサマーズは1970年か

9　これらのモデルには、Bernanke（2005）、Rachel and Summers（2019）、Summers（2016）、Von Weizsacker and Kramer（2021）、Haskel（2020）、Platzer and Peruffo（2021）、Eggertson, Mehrotra, and Robbins（2019）、Mian, Straub, and Sufi（2021b）、Caballero, Farhi, and Gourinchas（2017）、Del Negro et al.（2019）、Lunsford and West（2019）、Kiley（2020）、Pethe（2021）といったものがある。

ら2017年までの期間を見ているが、安全金利が低下したのは1980年代半ばからである。先に述べたように、1970年代と1980年代前半のrの動向は、1970年代はマイナス、1980年代はプラスという、rのr^*からの乖離を大きく反映している。

もう1つの課題は、国内要因の影響と世界的な要因の影響である。例えば、ある国のr^*の決定要因として貯蓄に注目する場合、その国の貯蓄と世界の貯蓄のいずれの変化に注目すべきだろうか。その答えは、国の規模や国際金融市場への統合度合い、変化の永続性・一時性に応じて2つの要因が混合するものだろう。例えば、中国がこの期間に経験した高貯蓄率とその結果としての持続的な経常黒字は、世界全体の貯蓄を増加させ、他の条件が同じであれば他の国々のr^*を低下させたと考えられる。[10]

これに対して、バイデン政権の景気刺激策のような一時的な需要の拡大は、それが仮に米国のr^*の上昇につながったとしても（この点については第6章で触れる）、他国のr^*を同様に上昇させるとは限らない。他の国々は、米国のr^*から乖離させて、それに伴う為替レートの変動を受け入れるかもしれない。[11]

つまり、貯蓄や投資、リスクやリスク認識に関する国内要因や世界的な要因の影響を特定することは簡単なものではない。その課題に果敢に挑戦した論文を読めば、多すぎる説明変数と少なすぎる観測の枚挙にいとまがない印象を持つだろう。実際に、例えばシュメルジングが行ったように観測のサンプルを拡張すると、金利と潜在的な説明変数の間の相関はほとんど頑健ではないように見える。このように、これらの研究は考えうる説明要因を示しているものの確定的なものはほとんどなく、具体的な定量的な寄与については割り引いて捉えるべきものだろう。[12]

とはいえ、特に貯蓄・投資の変化と安全性・流動性要因の相対的な影響について、いくつかの結論を導くことができる。第2章の議論と図を踏まえ、データを見ていこう。貯蓄関係が正にシフトすれば、貯蓄と投資が増加し、安全金利・リスク金利を問わず、すべての金利が低下する。[13] 投資関係の逆方向の変化は、貯蓄と投資を縮小させ、安全金利・リスク金利を問わずすべての金利を低下させる。リスクやリスク回避の上昇、また、流動性への需要が高まれば、安全金利は低下してリスク金利や流動性の低い金利は上昇する。このことは、貯蓄・投資とリスクプレミアム

---

10 Bernanke(2005)を参照。

11 国レベルでのr*の決定に関する世界的な要因、為替レート、経常収支の影響についての良い議論としてObstfeld(2020)がある。

12 参考として、RachelとSummersの表7は、次のような結論を導き出している。民間貯蓄と投資に影響を与える非政策要因の変化は、それ自体で1970年以降の「先進国」において6・9%の中立金利r*の低下をもたらしただろう。その主な要因は、全要素生産性(TFP)成長(マイナス1・8%)、人口動態(マイナス0・6%)、退職後余生の長期化(マイナス1・1%)、格差(マイナス0・7%)であった。これらは政策によって一部相殺されており、その主な要因は公的債務の増加(1・2%)と社会保障(1・2%)であり、政策の要因として中立金利r*は3・7%**上昇している**。その結果、中立金利r*の低下幅は6.9%−3.7%となり、3・2%低下した。

13 開放経済では貯蓄よりも投資の方が増加は小さく、経常収支が黒字になる可能性がある。世界全体では、貯蓄は投資と同額でなければならない。

図3-4　総貯蓄率：高所得国、高中所得国、世界

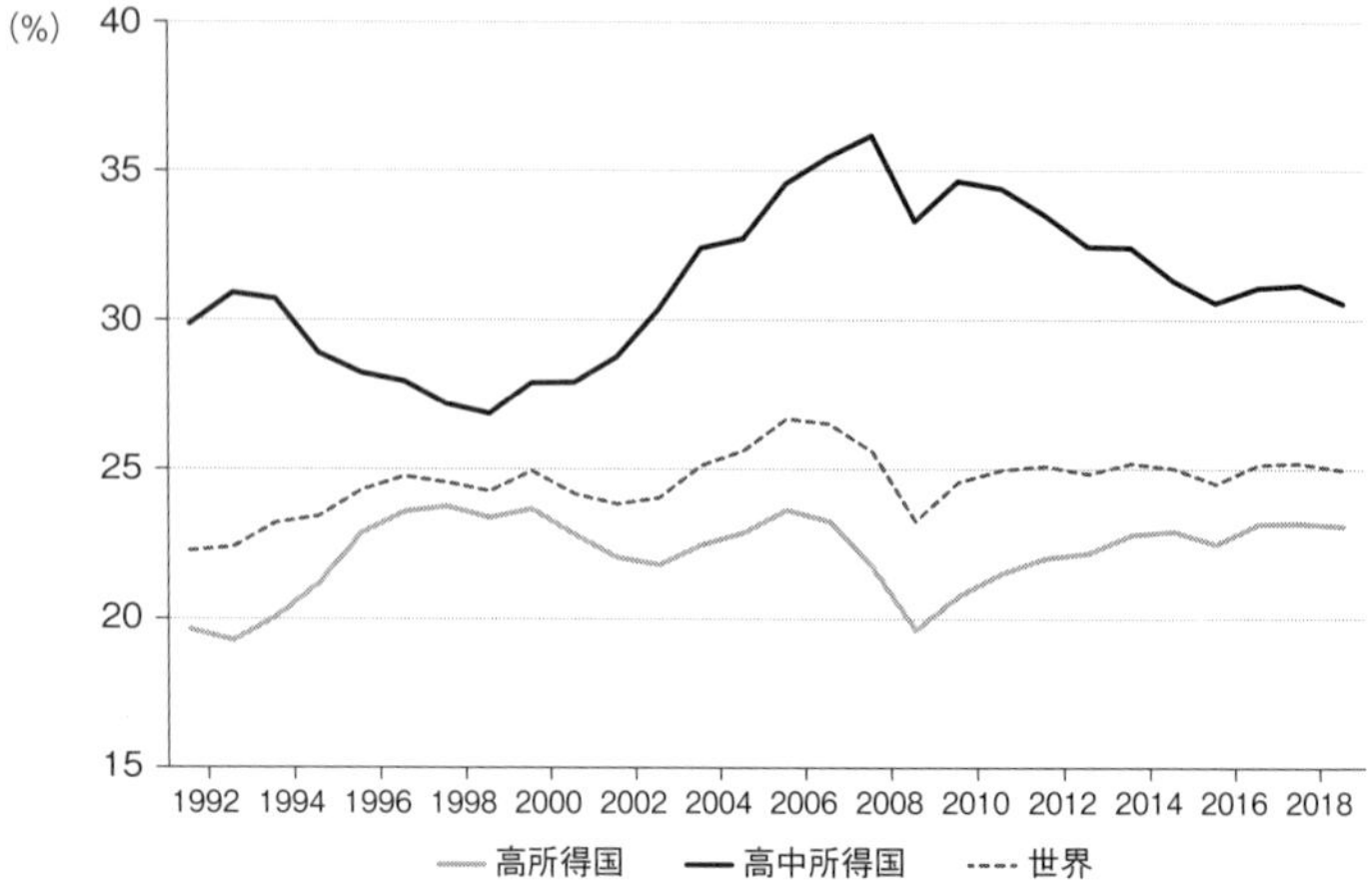

出典：世界銀行

に何が起こっているかを確認すべきであることを意味する。

図3－4は、1992年以降の世界全体と高所得国、高中所得国（概ね新興市場国に相当）の総貯蓄率の推移を示している。

この図は3つの重要な変化を示している。

第一に、2000年から2008年にかけて中所得国の貯蓄率が上昇し（主に中国の高貯蓄率を反映したものだ）、中国の外貨準備の蓄積に注目が集まって「世界的な貯蓄過剰」と指摘されるようになったが、その後、低下に転じていることだ。第二に、高所得国の貯蓄率は、世界金融危機の最中に低下した以外は安定していることだ。第三に、低所得国や低中所得国が世界の貯蓄に占める割合は小さいことから、高所得国や高中所得国の変化の結果として、世界全体としては概ね安定した貯蓄率であることだ。これは、貯蓄に正の変化があったものの、投資には負の変化を伴っており、それらを合わせて貯蓄率は概ね横ばいであったが、いずれの要因もr^*の低下に寄与したことを示唆する。

リスクと流動性の要因に目を向ければ、これまでの議論は、安全金利とリスク金利に何が起こったかを見るべきことを示唆している。米国について、**図3-1**に示した1992年以降の実質安全金利の推移とスタンダード・アンド・プアーズ（S&P）500を保有した場合の期待収益率の推移を**図3-5**に示している。[14] 株式の期待収益率は、配当株価比率と配当の将来成長率の加重平均の和として近似的に表現できるというゴードンモデルを拡張して構築されている。[15] 将来の配当をリアルタイムで予測する時系列データがないため、10年経済成長率予測の単純な非加重平均を取った、その後の10年間の経済成長率予測で近似している。[16]

---

14 **図3-4**では世界の貯蓄と投資であったが、この図では米国に焦点を当てていることに注意。可能なら、世界の安全金利と世界の株式の期待収益率を比較するべきだ。しかしそれにはここで私ができることよりもはるかに多くの努力を要するだろう。

15 具体的には、期待収益率R(t)は、$R(t) \approx ((R-g)/(1+R)) \Sigma_{i=1}^{i=\infty} ((1+g)/(1+r))^i Eg(t+1)$で与えられる。ここでRは平均収益率、gは平均経済成長率、Eg(t+i)はt+i年の経済成長率予測である。導出については、Blanchard(1993)を参照。

16 S&P500の企業の収益の30%は海外からもたらされているため、米国の経済成長に焦点を当てることは完全に正しいとは言えない。この問題について対処は図っていない。

図3-5　実質安全金利、株式の実質期待収益率

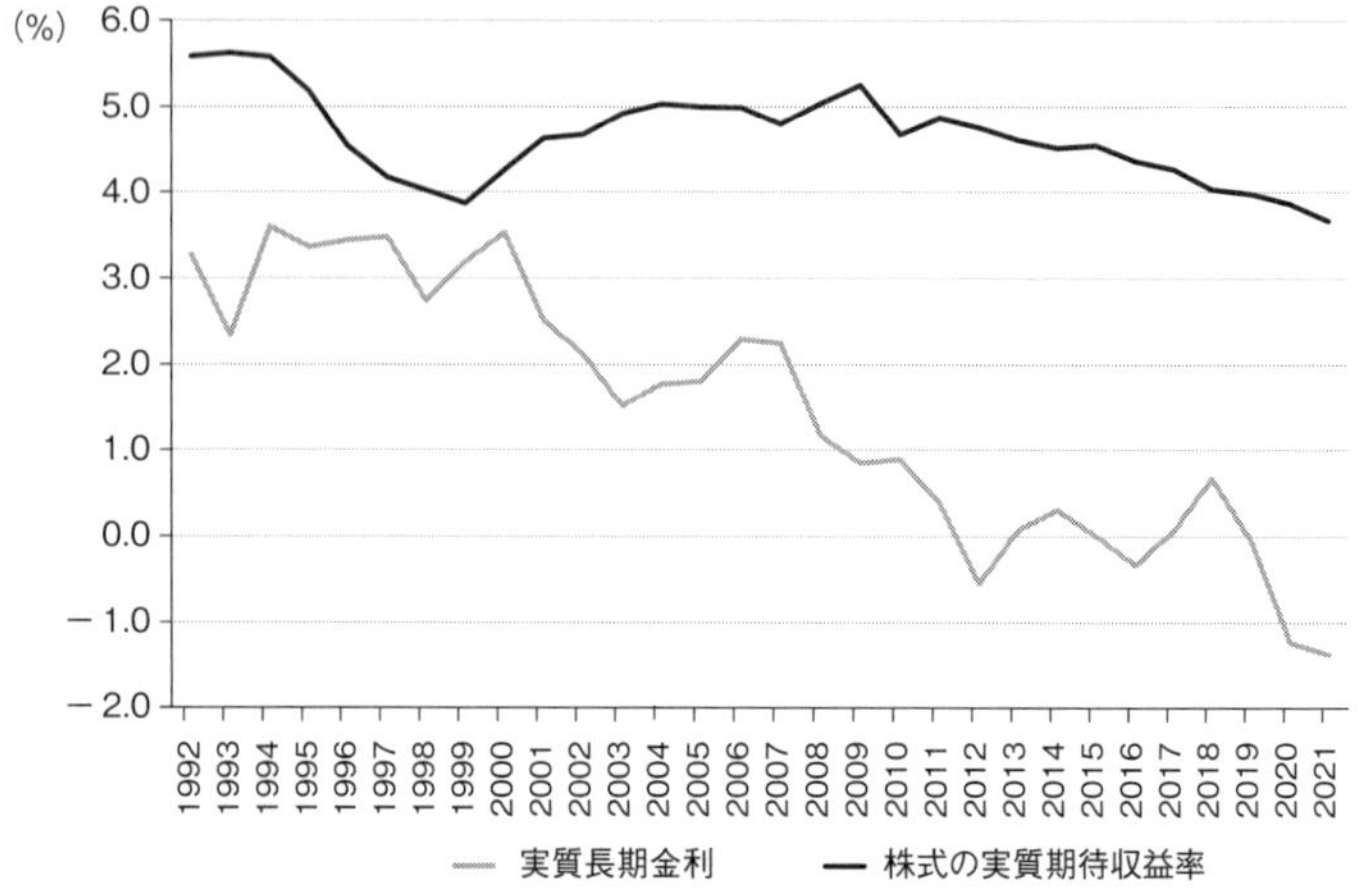

出典：安全金利：10年名目金利からSurveys of Professional Forecastersによる10年先のインフレ予想を差し引いたもの。実質期待収益率は、ケース・シラーによる配当株価比率とSurvey of Professional Forecastersによる10年間の平均経済成長率予測の和として構築

図3-5から明白なメッセージを再び読み取ることができる。株式の期待収益率は低下しているが、債券の実質収益率ほどの低下ではない（その期間で、安全金利の4％低下に対し、約2％の低下にとどまる）。両者の差、つまり、エクイティ・プレミアムは大幅に上昇している。[17] このことは、実質安全金利の低下の一端が、投資家の安全性への需要の高まり、あるいは流動性への需要の高まりを反映していることを示唆する。[18] 貯蓄と投資の変化だけでなく、多くのことが作用している。

結論や財政政策へのインプリケーションに移る前に、2つの論点を取り上げよう。つまり、金利と経済成長率の関係、そして、r^*の決定における人口動態の影響だ。前者に関する議論には誤解を招くものがあり、後者に関する議論には混乱を招くものがあるからである。

3-2 金利と経済成長率

金利の低下は、経済成長率の低下を概ね反映したものだという考えが広く共有されている。実際、低金利の原因を扱った研究の多くは、オイラー方程式として知られる金利と経済成長率の理論的な関係から出発する。理屈は簡単なものだ[19]。不確実性を無視すれば、標準的な効用最大化によって、個々人は式（3．1）の関係のように消費計画を立てる。

$$g_c = \sigma (r - \theta) \qquad (3.1)$$

17 言い換えれば、株価の高騰もあってバブルを観測していたのかどうかという疑問があるが、エクイティ・プレミアムが一定であれば、株価は現在より大幅に上昇していたことになる。期待収益率の代理指標として収益株価比率を用いた場合も、結論は非常に似たものとなる。

18 Farhi and Gourio（2019）でも同様の指摘がなされている。

19 本節は、研究に関する特定の方向性を論じることを目的としているが（そして、私の古くからの不満を扱っている）、読み飛ばしても問題はない。その結論は、経済成長率は貯蓄や投資に影響を与えるかもしれないが、経済成長率と金利の間には、理論的にも実証的にも密接な関係はないというものだ。

$$r = \theta + \frac{g}{\sigma} \qquad (3.2)$$

g_cは個々人の消費成長率、σは消費の異時点間の代替弾力性、θは個々人の主観的割引率である。この関係は**オイラー方程式**と呼ばれ、直観的に理解できる。$r-\theta=0$、つまり、金利と主観的割引率が等しいとしよう。この場合、$g_c=0$であり、生涯にわたって消費が平準化される計画を立てるだろう。$r>\theta$の場合、消費を先に繰り延べることが望ましいため消費が増加する経路を計画することになり、$g_c>0$となる。金利に対応して消費の経路がどの程度変化するかは、代替弾力性σに依存する。代替弾力性が小さければ、異時点間の消費の変化は大きくなく、消費の経路の傾きに対する（$r-\theta$）による効果は小さい。代替弾力性が大きいと、その効果が大きくなる。

　これが一個人について少なくとも近似的に成り立つと仮定すると、総消費については何を意味するのだろうか。すべての個人が同一であり永遠に生きるのであれば、一個人について成り立つことは総体として成り立ち、したがって経済全体についても成り立つ。経済が概ね定常状態にあるとすれば、消費の増加率は生産の増加率と等しく、それ自体は潜在生産量の増加率と等しい。そこで、金利は、潜在生産量の増加率と整合的な消費経路を消費者が選択するよう誘導できるものとなければならない。式（3．1）の関係を逆から捉えると、生産の増加と金利の因果関係を式（3．2）として得ることができる。

gは潜在生産量の増加率である。

これは、金利と経済成長率の間に密接な関係があることを意味する。例えば、生産性の上昇が鈍化し潜在生産量の増加率が低下すると金利は低下するが、それはσの大きさに依存する。[20]このため、様々な研究者が、この式（あるいは効用の特定化を豊富にし、不確実性を許容するための一般化）を用いて、データの検証を行ってきた。

このアプローチはどこが間違っているのだろうか。

標準的な効用最大化では個々人の意思決定を正確には記述できないという主張もある。この主張が正しいという証拠は数多く存在する。しかし、主な問題は別のところにある。実際の経済は、有限な寿命の個人で構成されている。仮に、個々人がそれぞれのオイラー方程式に従って消費を計画し、例えば上向きの消費経路を取ることにしたとしても（r＞θの場合）、それは金利と総体としての経済成長率の関係には全く関係しない。これを図3-6に簡潔に示している。

人々が2期間（各期間は30年間と考える）生きるとしよう。[21]各期間とも同数の人々が誕生する。人口増加はなく、技術進歩もないので、すべての個人は誕生したときに同じ予算制約に直面し、

20 特に専門的な脚注。これは、もしσが十分に大きい場合、r＜gを導く。しかし、この場合、家計は無限の効用を達成できるが、このクラスのモデルでは一般的に先験的に除外される。Romer（2012）の51ページでさらなる議論を行っている。

図3-6　個々人の消費と総消費

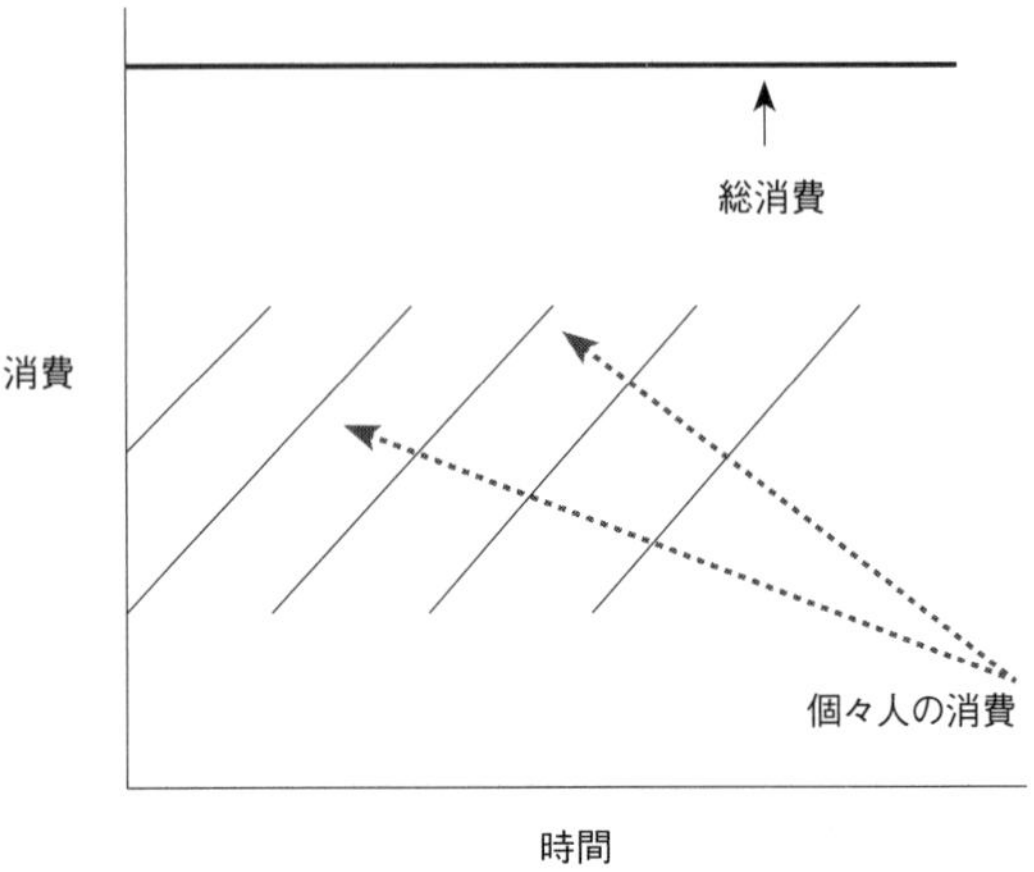

同じ消費経路を選択する。$r>\theta$であれば、全員が上向きの経路を選択し、個々人の消費経路は時間とともに上昇する。しかし各期の若年者の消費と高齢者の消費の合計である総消費は、個々人の経路の傾斜に関わらず、また、金利に関わらず、明確に横ばいとなる。

つまり、個人の寿命が有限であれば（実際そうだ）、**どれほど長生きしても**、総消費にはオイラーの関係は成立しない。[22]

これは、より適切なモデルにおいて、経済成長が金利に影響を与えることを排除するものではない。所得の増加が大きければ、消費者は将来の所得増加を見越して、現時点の支出を増加させ、貯蓄を減少させるかもしれない。生産が増加すれば、企業は将来の需要増加を見込んで投資を増加させるかもしれない。このように、貯蓄の減少と投資の増加が共に生じることで、中立金利が上昇する可能性がある。対称的に、現状により即して言えば、経済成長率の低下は貯蓄の増加と投資の減少をもたらし、中立金利r*を低下させる可能性がある。

しかし、実証的にはこの関係は驚くほど弱い。第一に、現在の文脈において、金融市場が大きく統合されている場合に関連する変数として注目するべき世界の経済成長は、過去30年間ほとんど変化していない。世界銀行のデータに基づくと、世界の平均的な実質経済成長率は1990年代が2・7%、2000年代が2・8%、2010年代が2・9%である。[23]

従って、金利の低下について経済成長率の低下を要因とすることは難しいようだ。しかし、驚くべきことかもしれないが、より一般的に経済成長率と金利の間に強い関係(因果関係は無視しても)は見られない。例えば、シュメルジングの長期サンプルと7年移動平均の中心を用いる

21 このモデルは、非常にシンプルな人口構成であり、基本的な世代重複モデル(OLG: overlapping generation model)として知られている。極めて定型化されているにもかかわらず、議論の明確化に役立ち、本書の様々な場面で非常に役立つ。

22 よく知られるように、Barro(1974)は、個人の寿命が有限であっても自分の子供を気にかけ、子供はその子供を気にかけ、それが続くことで、人間は実質的に無限の時間軸を持つことができることを議論している。その成立の条件は厳格なものであり、満たされる可能性は低いだろう。私は、無限の時間軸の消費者モデルよりも、世代重複モデルの方が良いと考えている。

23 ある国の債務ダイナミクスを検討するとき、関連する経済成長率gはその国の経済成長率であることに注意しよう。金融市場が統合されていると仮定してr*の決定を検討する場合、関連する経済成長率は世界の経済成長率である。

と、実に強い負の相関であり（Schmelzing 2020の図16）、歴史的な主要エピソードにおいても不安定である。同様に、20世紀初頭からの相関を検討したクラウディオ・ボリオ、ピッティ・ディシヤタとプーリーチャイ・ルンチャルーンキックル（Borio, Disyatat, and Rungcharoenkitkul 2019の表1）の分析によると、相関はわずかに負であり、全体的に不安定である。

根底にある長期的な変化は、例えばカール・クリスティアン・フォン・ヴァイツゼッカーとハーゲン・クレイマー（Von Weizsacker and Kramer 2021）の研究が示すように、経済成長率よりもむしろ生産の水準が関係するのではないかと考えられる。貧困層には消費を維持するほどの所得しかないため、ほとんど貯蓄をしない。貧しい国も同様だ。人々が豊かになるほど、国が豊かになるほど貯蓄が増加し、中立金利が低下する。実際、世界銀行のデータによると、（データが存在する）1994年から2007年の平均では、世界全体の貯蓄率は約25％であるのに対し、低所得国の貯蓄率は12％と、富裕国よりはるかに低い。[24]

3-3 人口の影響

人口動態の変化で金利低下をどの程度説明できるだろうか。既存の文献は込み入っている。人口動態の変化は実際にr^*の低下をもたらしたが、将来的には貯蓄は大幅に減少し、その結果、

r*は上昇すると主張するものがある（Goodhart and Pradhan 2020）。反対に、金利のさらなる低下を予測する者もいる（Auclert et al. 2021）。さらに、人口動態がr*の低下の多くを説明するが、今後r*は概ね横ばいになると予測する者（Platzer and Peruffo 2021）もいる。[25]

世界では、人口動態の3つの大きな変化が生じている。

- 第一に、出生率（女性一人当たりの子供の平均数）の低下である。これは、新興市場国や発展途上国でより顕著に見られるが、ほとんどすべての地域で見られる。世界の出生率は1950年の5から現在の2・5まで低下している。今後さらに低下するが、そのペースは緩やかなものとなり、2045年から2050年の予測では2・3に達すると予測されている。[26]
- 第二に、平均寿命の伸びである。これもまた、どの地域でも生じている。世界の平均寿命は1950年の45歳から現在では72歳まで伸びている。今後の上昇余地が限られるであろう

24 一人当たりの所得が未だに低い水準にある中国での貯蓄率の上昇を見れば、すべての国が常にそうであるというわけではないことが明らかだ。

25 Favero, Gozluklu and Tamoni（2011）も参照。

26 国連“World population by level of fertility over time (1950– 2100)”をOur World in Data（2012）https://ourworldindata.org/uploads/2014/02/World-population-by-level-of-fertility.pngから参照。

図3-7　寿命と総資産

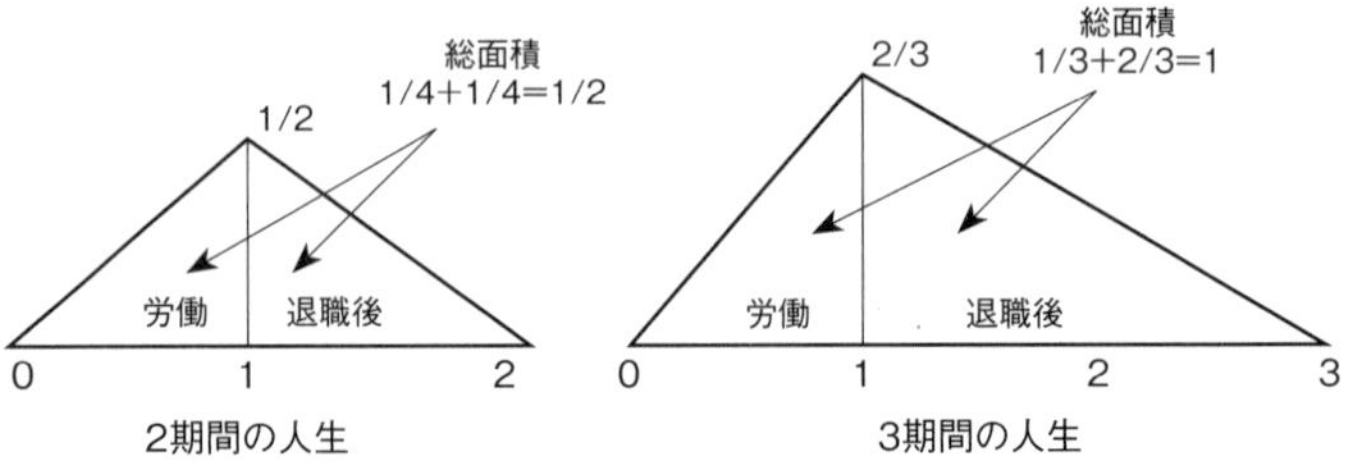

非常に豊かな国々を除いて、今後も概ね同じペースで寿命が延びると予測されている。[27]

・第三は、先進国で最も顕著に見られた「ベビーブーム」として知られるものであり、第二次世界大戦後に出生数が一時的に大幅に増加したことである。ベビーブーム世代が高齢化し、その影響は徐々に薄れていく。

これら3つの要因のそれぞれの影響を考えるため、世代重複構成による簡易図（**図3-7**）を用いよう。

人々は2期間生き、第1期に労働し、1の所得を受け取る。第2期には退職し、貯蓄から消費を行う。金利と割引率はともにゼロであり、人々はフラットな消費経路を望むとしよう。**図3-7**の左の図は、一消費者の一生涯の資産の推移を示したものである。退職時には資産は0から1/2まで増加し、退職後の期間で1/2から0に減少する。人口が一定であると仮定すると、資産の横断図も図3-7に示した通りであり、経済全体の資産は三角形の面積で与えられるので、1/4＋1/4＝1/2となる。

ここで、長寿化が進み、人々は3期間生き、最初の期間は労働して1の所得を得るが、退職後に2期間生きることとする。図の右の図形は、一人の消費者の一生涯の資産の推移を示したものである。生涯において消費を一定に保つためには、この消費者は働いているときの収入の2/3を貯蓄する必要がある。資産は退職時には0から2/3まで増加し、その後退職後の2期間を生き、資産は0まで減少する。新しい定常状態を見ると、人口が一定であると仮定すると、経済における総資産は三角形の面積で与えられるので、1/3＋2/3＝1、つまり以前の2倍となる。

この図の前提は単純なものであり、明らかに極端な平均寿命の変化を想定している。平均寿命が延びたときに生じる動的な調整は無視されている。退職の年齢が固定されていると仮定し、それが寿命の伸びに比例して――つまり1/2分上昇すれば――貯蓄率は一定となる（歴史的に見ると、退職の年齢は比例しては上昇していない）。賦課方式の社会保障制度が存在すれば、貯蓄への影響は小さくなる。遺産を残すように、ライフサイクル以外の理由でも人々は貯蓄を行う。とはいえ、基本的な結論は頑健なものであり、明確かつ重要なものである。平均寿命が長くなれば、貯蓄が増加し、金利が低下する可能性が高い。[28]

27　国連 "Life expectancy, 2019" をOur World in Data (2019) https://ourworldindata.org/grapher/life-expectancy?time=1770..2019&country=Africa+Americas+Asia+Europe+Oceania+OWID_WRLから参照。

28　平均寿命が長いと貯蓄を取り崩す人の割合が高くなる（これ自体は正しい）、そして、総貯蓄が縮小すると言われることがある（これは正しくない）。**図3-7**は、なぜそれが間違った考え方であるかを示している。

少子化やベビーブームの影響についても同様に考えることができる。計算は読者に委ねるが、同様の図形によるアプローチが可能だ。退職者に対する労働者の割合が低下すると全体の貯蓄は縮小するが、それに比例して所得もより減少するため、貯蓄率（両者の比率）は上昇する。ベビーブームによって、ベビーブーム世代が働く期間の貯蓄率は上昇し、退職後の期間の貯蓄率は低下する。この影響は現時点では関連のあるものだが、将来は薄れていくだろう。しかし、将来的には平均寿命が延びることが支配的な要因となり、金利の低下圧力が継続することが示唆される。

3-4 結論

今後についてはどうだろうか。

投資家は、しばらくは金利が低い状況が継続すると確信しているようだ。これは、満期の異なる国債のオプション価格からリスク中立の確率を導出することで推察される。本書執筆時点の2022年1月では**表3-1**に示すとおりである。

投資家によると、例えば、米国の名目の短期金利が5年後に4%を超える確率は12%、10年後に4%を超える確率は16%、ユーロ圏はそれぞれ4%と8%、英国はそれぞれ7%と10%で

表3-1　2022年1月時点において名目金利が5年後または10年後に特定の値以下となる確率

通貨	期間	＜0%	＜1%	＜2%	＜3%	＜4%
米ドル	5年	11%	27%	54%	77%	88%
米ドル	10年	16%	29%	50%	71%	84%
ユーロ	5年	50%	76%	88%	93%	96%
ユーロ	10年	38%	60%	77%	86%	92%
英国	5年	25%	51%	74%	87%	93%
英国	10年	32%	52%	70%	83%	90%

ある。名目金利が4%を超える確率は、今後5年から10年の名目GDP成長率の予測（実質2%、インフレ率2%）としてもっともらしいものであり、特に興味深いものだ。[29]

　これらは正しいだろうか。今後10年以上、安全金利が経済成長率よりも低い状況が続く確率が高く、しかし、その確率は1より小さいことは、概ね正しいと思われる。

　金利の着実な低下は、深い根底にある要因が作用している証拠となるものだ。実質金利は、30年以上にわたってすべての主要国で着実に低下している。この低下は、世界金融危機やコロナ危機を原因とするものではない。ほとんどの先進国では、10年実質金利は10年実質経済成長率予測よりも通常3%低くなっている。

　過去にも（r−g）は大幅なマイナスの値を取ったが、最終的には、時にはすぐに、（r−g）の符号は反転した。しかし、これらの

29　r−gの評価には、実質金利（ただし消費者物価指数ではなくGDPデフレーターを使用）と実質経済成長率、あるいはここで行ったように名目金利と名目経済成長率を用いることができる。

エピソードは通常、予想外のインフレや金融抑圧によるものであり、rがr^*よりも低くなったことが原因であった。これは現在の状況とは異なる。むしろ、実効下限制約が拘束的であることは、その逆、つまりr^*がrより低いということを示している。

どのような要因で金利が低下したのか、もっと正確に把握できればよいとは思う。しかし、要因の候補は多数存在する一方で、それぞれの要因の影響はよくわかっていない。人口動態と所得増加による貯蓄の変化と、流動的で安全な資産に対する需要の増加ではないかと私は考えている。一般に、考えうる要因の候補のリストを見ても、それらの影響が（$r-g$）の符号をすぐに変化させるという明白な理由は見当たらない。

しかし、一部はそうかもしれない。非政策的要因の中では、例えばグリーン投資に関係して技術進歩の速度が加速する可能性は無視できない。これは経済成長の加速につながり（ただし、その効果は経済成長率よりも成長の性質によるところが大きい）、その結果、さらに大幅なマイナスの（r^*-g）となる可能性がある。しかし、それは投資の大幅な増加にもつながるだろう。グリーン投資は10年以上にわたって投資全体をGDP比で2％増加させるという試算もある。これは、総需要の持続的な増加につながり、その結果、中立金利r^*も上昇するだろう。[30,31]

本書のメインテーマに戻ると、主要な政策要因、すなわち財政政策が非常に重要だろう。

・一時的に公共支出が急増すると、しばらくの間はr^*が急上昇し、中央銀行は経済の過熱を避けるためにrを引き上げざるを得なくなる。本書執筆時点では、米国のバイデン政権の2021年の刺激策が実際に経済の過熱を招き、インフレ率が上昇し、FRBが大幅に利上げを行う必要性が実際に懸念されている。[32] しかし、景気刺激策による需要喚起の効果が薄れるにつれて、いずれその影響はなくなるはずである。

・さらに議論を進めると、巨額の財政赤字が継続すると債務比率が上昇し、その結果、r^*が恒久的に上昇し、(r^*-g)が上昇し、不等号が変化する可能性もある。既存の研究では、債務が中立金利に与える影響の推定値（残念ながら簡易計算よりもかなり良いというほどのものではない。これについては第5章で詳しく述べる）は、債務比率が1%上昇すると、中立金利が2から4ベーシスポイント上昇することを示唆する。したがって、例えば（世界の）公的債務比率がGDP比で50%上昇すると、(r^*-g)の値は1%から2%上昇し、r^*とgの差は大幅に縮小する可能性がある。このような債務の水準は考えにくいものではあるが、

30 国際エネルギー機関（The International Energy Agency 2021）の試算によれば、2050年までに世界全体でネットゼロに移行するには、世界のエネルギー投資を2016年から2020年の世界GDP比2・5%から2030年には4・5%に増加させ、その後徐々に減少して2050年には2・5%に戻す必要があるという。

31 技術進歩の将来について、逆に、より悲観的な見方については、Gordon（2016）を参照されたい。より楽観的な見方については、Brynjolfsson and McAfee（2014）を参照のこと。

32 この点については、第6章の米国の財政政策とインプリケーションの議論において改めて触れよう。

この計算の重要な点は、財政政策を使うほど、gに対してr^*が高くなるという点だ。

・実際、本書の主な結論の1つは、財政政策の目標は、実効下限制約が厳格に拘束しない程度にr^*を高く維持することであり、場合によってはそれ以上であるべきということだ。そのような財政政策が実施されれば、r^*の値に下限が設定されることとなる。

第 4 章

債務の持続可能性

Debt Sustainability

これまでの議論を土台として、低金利が財政政策に与えるインプリケーションについて、残りの章で検討する。混同されることがある2つの異なる問いへの答えを求めるものだ。

- ある国はどれだけの「財政余地」を有するか。より正確には、債務の持続可能性の問題が生じるまで、その国が債務を増加させる余地はどの程度あるのだろうか。
- この財政余地はどのように使われるべきか。余地があるからといって、それを使うべきとは限らない。財政政策とは、その余地をいつ、どのように、使うか否かを決めることだ。

本章は最初の問いについてのものだ。7節構成である。

第1節（4－1）では、（r－g）の意義に焦点を当てながら、**確実性下**での債務ダイナミクスの算術を検討することから始めよう。（r－g）、債務、プライマリーバランスのそれぞれの意義を示しながら、プライマリーバランスが赤字でも、政府は債務比率を安定させることができるという、（r－g）＜0の場合の劇的なインプリケーションを示そう。形式上、債務の持続可能性の問題は存在しない。政府がどれだけの水準のプライマリーバランスの赤字を計上しても、債務が増加することはあっても爆発することはない。言い換えれば、政府には無限の財政余地があるように見える。

しかし、2つの理由から、この結論は強過ぎる。第一に、財政政策は、債務や財政赤字の増加という形で、総需要を増加させ、中立金利r^*を上昇させる。金融政策当局がr^*に応じて実際の金利rを調整する限り、これは（r－g）を上昇させ、財政余地を縮小させる。第二に、不確実性が重要である。債務の持続可能性は、基本的に確率的な概念である。暫定的な運用上の定義は次のようなものであろう。債務が爆発する確率が小さい場合、債務は持続可能である（その上で「爆発」と「小さい」の定義が必要だが、定義することは可能である）。

このことを念頭に置きながら、第2節（4－2）では、様々な不確実性の源泉と、それらが債務の持続可能性に及ぼす潜在的な影響について議論する。債務比率、債務の満期、現在と将来のプライマリーバランスの分布、現在と将来の（r－g）分布のそれぞれの影響を示そう。また、「確率的債務持続可能性分析」（SDSA: stochastic debt sustainability analysis）を、政府、投資家、格付け会社がどのように利用することができるかを示す。そして、現在の水準からの現実的な債務削減では債務の持続可能性の確率にほとんど影響を与えないが、対照的に（r－g）の上昇や符号の反転という事態に備えた条件付きの計画が重要であることを示す。

次に、第3節（4－3）では債務の持続可能性を確保するための財政ルールを検討する。SDSAは、各国ごとに、各年について、その場で行うことしかできない。SDSAが必要とする仮定、例えば（r－g）の将来の見通しについては、見解が分かれる可能性がある。財政政策がマクロ経済上の役割を果たす十分な余地を残しつつ、ガードレールとなるセカンドベストのより機械的なルールを設計することができるだろうか。これは、欧州連合（EU）で現在議論されている問題である。私は、機械的なルールが効果的に機能することには懐疑的だが、それでもなおルールが採用されるのであれば、そのルールが採用すべき方向を提案しよう。債務ではなく債務返済に応じて、プライマリーバランスを時間をかけて調整するルールが望ましいと第2節（4－2）の分析を踏まえて提案しよう。

第4節（4－4）では公共投資と債務の持続可能性の関係を議論する。政治的な理由から、緊縮財政は他の支出よりも公共投資の縮小として現れることが多い。経常勘定と資本勘定を分割する（「資本予算」として知られる）ことによる透明性の要請は強力だ。他方で、公共投資の全額を債務で資金調達すべきであると言われることもあるが、その根拠も弱い。公共投資が直接的な財政的収益を政府にもたらす限りで、債務の持続可能性に影響を与えずに、少なくとも部分的に債務によって資金を調達することができる。また、公共投資は成長を強化し、将来の財政収入を増加させるという主張もある。しかし、公共投資の多くは社会厚生を向上させるとしても国家に財政的収益をもたらさず、経済成長への効果も不確実である。そのため、債務の持続可能性に影響を与える可能性があり、それを考慮した上での資金調達手段を考えるべきだ。第4節（4－4）ではこれを債務の持続可能性の分析にどのように組み入れるかを示す。

第5節（4－5）ではサドンストップのリスクと、この文脈における中央銀行の潜在的な役割について検討する。ソブリン債市場（および他の多くの市場）は、ファンダメンタルズに大きな変化がなくとも、投資家が撤退したり大きなスプレッドを要求したりするといったサドンストップに見舞われることがある。これは新興国市場においてより重要な問題であるが、欧州債務危機が示すように先進国にも関係するものだ。

債務の持続可能性のリスクが小さく、低金利が正当化されることをファンダメンタルズが示唆するとしても、投資家が懸念し安全金利を上回るスプレッドを求め、債務返済を増加させ、債務が持続的ではない可能性を高め、そもそもの懸念が実現してしまうという別の均衡が生じる可能性もある。この均衡は、その性質から「サンスポット均衡」と呼ばれることもある。この問題は重要だが、複数均衡の可能性を排除するには現在の債務水準よりはるかに低い債務水準が必要であることを議論しよう。今後数十年にわたって、現実的な債務削減では、このリスクを排除することはできない。

次に、中央銀行がこのリスクを軽減、あるいは排除することができるかどうかを検討しよう。スプレッドの拡大要因として、サンスポットとファンダメンタルズの悪化の2つに分類しよう。中央銀行は巨大な安定的投資家であり、サンスポットが原因の場合では複数均衡を防ぎ、スプレッドを解消することができる。他方、少なくとも部分的にファンダメンタルズの悪化を原因としてスプレッドが生じる場合には、結論はあまり明確なものではない。つまり、中央銀行は統合政府の一部であり、その介入によって統合政府全体の負債やリスク全体の大きさは変化しないものの、負債の構成は変化する。例えばコロナ危機の際にイタリアのスプレッドを縮小させることができたという例も踏まえつつ、欧州中央銀行の場合にはこの点がなぜ異なるかを議論しよう。
第6節（4－6）では中央銀行と債務の持続可能性との関係について浮上した救済と帳消しという2つの問題を取り上げよう。量的緩和や国債の大規模な購入を通じて、中央銀行が財政赤字を貨幣化し、政府を救済しているという主張がある。これは事実ではない。また、債務負担を軽減するために、中央銀行はバランスシート上に保有する国債を単に帳消しにすべきだという主張もある。その必要はなく、仮にそれを行ったとしても、政府の予算制約の改善には何の役にも立たない。

結論となる第7節（4－7）ではマイナスの（r－g）は、債務のダイナミクスを大きく和らげることを指摘しよう。しかし、これは、財政政策が中立金利へ影響を与えるという内生性や、不確実性、特にrに関する不確実性のため、債務の持続可能性の問題を消滅させるものではない。

債務の持続可能性を評価する最善の方法はSDSAを用いることであり、これは各国や各年の特殊性を考慮するアプローチである。評価の複雑さを考えると、私は定量的なルールに頼ることに懐疑的である。しかし、もしそのようなルールを用いるのであれば、債務そのものではなく、$\left(\frac{r-g}{1+g}\right)b(-1)$ として定義される債務返済にプライマリーバランスの黒字を充当することを基本とすべきだ。ただし、中央銀行が実効下限制約で拘束されている場合には、より大きなプライマリーバランスの赤字を許容する必要があるなど、例外を含むことは避けることはできない。

$$B = (1 + r)B(-1) - S、または、同様に、$$
$$B - B(-1) = rB(-1) - S$$

4-1 (r−g)<0のときの驚くべき債務ダイナミクス

公的債務のダイナミクスは本ページ上部の式の関係で与えられる。

Bは当期の期末の債務の実質価値であり、B(−1)は前期の期末の債務の実質価値(期間としては例えば1年間といった期間を想定しよう)、rは債務の実質金利、Sは税収から利払い費以外の歳出を差し引いたものであるプライマリーバランスの実質値だ(Sという略語はSurplus=黒字から取ったものだ。他が一定であれば、プラスのプライマリーバランス——つまり、プラスのS——は、債務を縮小させる)。[12]

しかし、成長する経済において重要なのは債務ではなく、債務の国内総生産(GDP)比率、略して「債務比率」[3]である。経済成長率gを(1+g)≡Y/Y(−1)と定義し、上の式の両辺をYで割ると、次ページの上の式のようになる。

ここで、b≡B/Yは債務比率であり、s≡S/YはプライマリーバランスのＧＤＰ比率である。再構成すると式(4.1)のようになる。

これが債務ダイナミクスの基本方程式である。債務比率の変化は、「プライマリーバランス比率」と「(前期の)債務比率と(r−g)との積」という2つの項に依存す

$$b = \frac{(1+r)}{(1+g)} b(-1) - s$$

$$b - b(-1) = \frac{(r-g)}{(1+g)} b(-1) - s \quad (4.1)$$

る。なぜ（$r-g$）なのだろうか。第1章で述べたように、プライマリーバランスがゼロのとき、債務がrの率で増加し、生産がgの率で増加するため、債務比率は（$r-g$）で増加する。（$1+g$）という項が存在するが議論には必要ない。gは小さく、（$1+g$）は1に非常に近い。[4]

債務ダイナミクスに関する標準的な議論では、通常、（$r-g$）は正であると想定されていた。これは、債務比率を安定化させるためには、政府がプライマリーバランスの黒字を計上しなければならないことを意味する。これを確認するために、式（4．1）に$b=b(-1)$を代入しよう。必要なプライマリーバランスは式（4．2）で与えられる。

債務（簡略化のために、「比率」を省略することもある）が大きくなるほど、必要な黒字は大きくなる。つまり、政府が財政赤字により債務を増加させれば、遅かれ早かれ、債務を安定させるために、増税や歳出の削減によるプライマリーバランスの黒字拡大が必要になる。そうしないと、やがて債務は爆発する。

ここで、現在のように（$r-g$）＜0とすると、債務比率を安定させ

$$s = \frac{(r - g)}{(1 + g)} b \qquad (4.2)$$

るために必要なプライマリーバランスは上記の式（4．2）で示されるものである。

1　財政赤字は通常（iB（−1）−S）と報告されており、債務の実質的価値の増加の指標としては正しくない。これは、名目金利と実質金利の差（この場合、事前の実質金利 $i - \pi^e$ ではなく、実現した事後の実質金利 $i - \pi$）を補正する必要があり、その差は定義上、インフレと等しくなる。この補正は重要であり、かつてのインフレの高い時代にはもっと重要だった。例えば、債務がGDPの100％で、インフレ率が2％の場合、正しい財政赤字の数値は公式の数値より2％低い（良い）ことになる。1970年代ではインフレ率が10％近くあり、債務比率が50％だったため、その差はGDPの5％に相当する非常に大きなものであった。

2　逸話がある。1981年、ロナルド・レーガン米国大統領は、赤字が手に負えなくなり（1980年の財政年度の政府の赤字は595億ドル、当時はそんな時代だった）、支出の大幅削減が正当化されると発表した。ジェフリー・サックスと私は「ニューヨーク・タイムズ」（1981年3月6日）で、「名目金利は12％と高いが、インフレも10％であり（つまり実質金利は2％に過ぎず、高水準の名目金利は高インフレを反映している）、インフレの補正をすれば、正しく測定した赤字は140億ドルであり、国民総生産（GNP）の0・5％に満たない」と論じた。私たちのこの論説は、ハーバード大学の有名な卒業生による反論を招いた（1981年3月13日）。私たちがインフレ愛好家であると非難し、ハーバード大学に私たちの終身在職権を与えないように勧告したのである。

3　債務の持続可能性を考える上では、分母にGDPを使うことに疑問を持つかもしれない。債務と財政収入の比率の方がよいかもしれない（先進国の財政収入対GDP比は2000年以降35％前後と概ね安定しているため、債務対GDP比率ではなく、債務対財政収入比率の推移を見ても概ね同様の示唆を得ることができる）。それ以外の目的、例えば債務が投資率（投資のGDPに対する比率）に与える影響を考えるには、債務対GDP比率がより適切である。

あることは変わりない。しかし、$(r-g)<0$であれば、政府はプライマリーバランスの黒字を計上する必要はない。むしろ、プライマリーバランスの赤字を計上することができる。実際、債務比率が大きいほど、債務比率を安定させながら、より巨額のプライマリーバランスの赤字を計上できるのだ！

最後の結論は逆説的だ。これを理解する方法は次の通りである。政府は債務には利子rを支払わなければならないので、利払い費はrbとなる。しかし、生産は時間とともにgの割合で増加するので、毎年gbの新しい国債を発行しても、債務比率は一定に保たれる。gがrを上回れば、新規国債発行による収入が利払い費より大きくなり、債務が大きいほど両者の差は大きくなる。[5]

式（4．2）の意味するところを、さらに衝撃的な形で表現することもできる。

- 債務比率が安定している状態から始めよう。政府がさらにプライマリーバランスの赤字を恒久的に一定額増加させるとしよう。このとき、式（4．1）に基づき、債務比率は上昇する。しかし、債務比率は爆発することはなく、$s(1+g)/(r-g)$の値に収束する（bをsの関数として考えるために式（4．2）を反転させる）。したがって、債務の持続可能性を「債務が爆発しないこと」と考えると、$(r-g)<0$という仮定のもとでは、債務は常に持続可能であ

ると言える。債務比率が上昇することはあっても、爆発することはなく、最終的には収束する。「財政余地」という言葉で表現すれば、政府には無限の財政余地がある。

しかし、債務が爆発しないという考え方は、実証的というより理論的に説得力があるかもしれない。$(r-g)$がゼロに近く、かつ、大規模なプライマリーバランスの赤字を抱えている場合、債務比率が長期間上昇し、高水準の値に収束する可能性がある。例えば、$s=-3\%$、$g=2\%$、そして$r=1\%$、つまり$(r-g)=-1\%$であれば、債務は収束するが、GDP比306%という高水準に収束してしまう。このような大幅な上昇は、実際には爆発と区別がつかないかもしれない。追って、この点を議論しよう。

・当初、債務比率とプライマリーバランスが式(4.2)を満たし、債務比率は安定しているとする。ここで、例えば1年間減税することによって、政府がより大きなプライマリーバランスの赤字を1年間計上するとしよう。その後は元のプライマリーバランスに戻ること

54 債務ダイナミクスを連続時間で書き直せば、この項は消える。

55 この結果は、国家が毎期新たに国債を発行することに依存するため、ポンジーゲーム、あるいはポンジーファイナンスと呼ぶ研究者もいる。だがこれは誤解を招くと思う。確かにポンジースキームは、発行者が既存の投資家に利子を支払うために、毎期新しい投資家を集める能力に依存している。しかし、通常、スキームを維持するために潜在的な投資家の数が増加する割合は、利用できる投資家のプールの増加速度を大きく上回る。最終的にスキームは持続不可能になり、崩壊する。政府の場合、$r<g$が永遠に続くのであれば(後述するように、それは大きな「もしも」だが)、新しい投資家が十分に存在する可能性があり、スキームを恒久的に維持することができる。

とする。そのとき、初期には債務比率は上昇するが、時間の経過とともに元の水準に戻る。[6] つまり、政府は国債を発行しても、その返済のために増税する必要はないのである！

これは驚くべき結果であり、債務に関するよくある議論（「子供たちの世代は増税によってより多くの債務を返済しなければならないのではないか」といった問い）に疑問を投げかけるものである。[7]

（r−g）＜0の意義はデータにも表れている。高水準の債務、多額のプライマリーバランスの赤字の懸念が存在しているにもかかわらず、例えばＩＭＦの予測では、２０２６年までに先進27カ国中18カ国の債務比率が低下し、ベルギー、韓国、米国の3カ国だけが2パーセントポイント強上昇する。[8]

まとめよう。

（r−g）＜0のとき、債務ダイナミクスは好ましいものとなる。しかし、上記の結果を額面通りに捉えることは間違いだ。理由は2つあり、第3章において検討した金利の今後の行方に関する警告と対応するものだ。

- **内生性**　金利は、部分的には財政政策に依存する。国内あるいは世界的に（金融市場の統合の度合いに応じて両者の比重は異なる）大規模な財政赤字が続くと、中立金利r*が上昇し、そ

6　基本的な代数学は次のようになる。b^*を元の債務の水準と呼ぼう。$s^*=(r-g)/(1+g)b^*$を元のプライマリーバランスとしよう。一度限りの減税後にsが当初のs^*の値に戻るのであれば、式(4.1)は、$(b-b^*)-(b(-1)-b^*)=((r-g)/(1+g))(b(-1)-b^*)$となる。限りなく先の時点を見るために極限を取ると、$b=b^*$となる。

7　$r<g$のときの式(4.1)のインプリケーションを述べる他の方法が、Ricardo Reis(Reis 2020, 2022)によって検討されている。rとgが一定で、将来の黒字が確実にわかっていると仮定する(これらの仮定は必要でないが、説明を簡略化する)。$r>g$の場合、債務ダイナミクスの式を前方に積分し、債務比率が最終的に爆発しないと仮定すると、債務対GDP比率はプライマリーバランスの黒字の生産に対する比率を$r-g$で割り引いた現在価値に等しくなければならないことを意味する。この関係は、John Cochrane(2022)により発展された物価水準の財政理論など多くの理論で中心的な役割を果たす。しかし、$(r-g)<0$のとき、将来のプライマリーバランスの黒字に関連する割引係数は時間とともに増加し、将来のプライマリーバランスの黒字の割引現在価値は無限大となる。この場合、Reisは、$\hat{r}b(t-1)$を加減して債務ダイナミクスの式を書き直すことを提案している。$\hat{r}$は経済成長率より大きな割引率(例えば、第5章で見るように資本の平均限界生産性は経済成長率より高い)なので$\hat{r}>g$となる。それにより、次式を得る(簡略化のために$(1+g)$項を無視する)。

$$b(t)=(1+r-g)b(t-1)-s(t)+\hat{r}b(t-1)-\hat{r}b(t-1)$$

または同等に、

$$b(t)=(1+\hat{r}-g)b(t-1)-s(t)-(\hat{r}-r)b(t-1)$$

となる。

gより大きい任意の$\hat{r}$について、債務比率の割引価値が爆発しないと仮定して、再び前方積分を行うと、債務は2つの項の現在価値として得ることができる。

$$b(t)=\sum_{1}^{\infty}(1+\hat{r}-g)^{-i}s(t+i)+\sum_{1}^{\infty}(1+\hat{r}-g)^{-i}(\hat{r}-r)b(t+i-1).$$

言葉で表現すれば、債務とは、$(\hat{r}-g)$で割り引いたプライマリーバランスの黒字の割引現在価値と、Reisが債務収益項と呼ぶ、$\hat{r}-r$の差の割引現在価値と債務の積とで表すことができる。そして、Reisは、この収益項を決定するものについて検討し、流動性や個別リスクによって安全金利rと資本の限界生産性とされる$\hat{r}$との差を決定する代替モデルを提示している。Reisと私は談論をしたが、意見の相違に合意した。このステップによって概念的に何が得られるのか私にはわからない。明らかに、債務ダイナミクスは、元の方程式を使っても、修正した方程式を使っても同じである。$\hat{r}$を選択する根拠も理解できない。なぜジャンク債の金利ではないのだろうか。その場合はプライマリーバランスの黒字の現在価値は小さくなり、債務収益は大きくなる。債務が安全である限りして、実際の金利rが上昇し、債務ダイナミクスが好ましくないものとなる可能性がある。第3章において、今後長期間（r－g）の符号は恒久的には反転しないであろうと述べたが、仮にそれが実現すると、債務ダイナミクスはさらに悪化し、債務を安定化させるために政府はプライマリーバランスの黒字を計上しなければならない。

・**不確実性**　（r－g）の予測平均が長期にわたってマイナスであったとしても、その予測にはかなりの不確実性（以前と比べて現在では必ずしも多くないが）を伴うものだ。そこで、次のステップでは、不確実性を考慮した上で、債務ダイナミクス、債務の持続可能性、財政余地を検討しよう。

4-2 ― 不確実性、持続可能性、財政余地

不確実性を考慮に入れて、式（4．1）を再度検討しよう。債務の時間的な変化は、現在と将来の（r－g）とsの値に依存する。（r－g）の分布に上限を設けない限り、債務が爆発する確率は非常に小さいかもしれないが、ゼロではない。[9] そこで、債務の持続可能性について、次のような運用上の定義が導かれる。「n年後に債務が爆発する経路に乗る確率が小さければ、債務は持続可能である」。

これは、持続可能性が確率論的なものであることを明らかにするものだ。「爆発する経路」とは何か、nは何年か、「十分に小さい」とは実際にどういうことかなどを決める必要があり、この表現だけで済むものではない。しかし、確率的債務持続可能性分析（SDSA：stochastic debt sustainability analysis）として知られる、次の分析を行うべきことを示唆する。

- 平均的な予測だけでなく、（r－g）とsの分布に基づいて、平均的な予測の周辺に想定される今後n年間の債務の分布を計算する。
- nは、予測の質（nが大きい場合［例えば10年より長い場合］には予測の質は急激に悪化する）と債務の非爆発的な変動を許容する必要性との間のトレードオフを評価することで選択する。数年間の債務比率の上昇は心配する必要はなく、必ずしも債務の持続可能性を脅かすものではない[10]。
- 「爆発」の運用上の定義を選択する。例えば時間軸がnに近づくにつれて債務比率の経路が

適切な割引率は安全金利であり、他のものではない。また、安全金利と資本の平均限界生産性の差の背後にあるものは厚生の観点から非常に重要であるが、債務収益項で考えることによって何が得られるのか私には理解できない。

8 国連通貨基金（IMF）財政モニター（2021年4月）Table A8.

9 別の言い方をすればr－gがプラスの値を取る確率が正であり、プライマリーバランスが赤字となる（s＜0）確率が正であれば、債務が爆発する確率は正である。

正の傾きとなるものだ。先の議論によれば、債務の高水準への急速な収束と激しい債務爆発とを区別することは実際には不可能かもしれない。

債務が爆発する経路にある場合に政府が何をすべきかが、この分析の中心である。この分析は2つの段階で進めることが有益だ。

- 第一段階は、**現在の**政策のもとで上記の分析を行う。[11] 現在の政策が、時間軸がnに近づくにつれて高確率で非爆発的な債務比率を導くのであれば、第二段階は不要である。しかし、現在の政策とアナウンスされた政策が、高確率で爆発的な債務比率を導くのであれば、第二段階が必要となる。
- 第二段階は、分析を行う主体に依存する。政府であれば、現在の政策やアナウンス済みの政策の修正方針をアナウンスする必要がある。財政機関や財政評議会が存在する場合の役割は、債務が持続可能であるように信頼に足る財政調整の計画を提示するよう政府に対して要請や要求を行うことだろう。[12] 投資ファンドや格付け会社のように外部の組織が分析を行う場合は、政府の計画を評価し、政府が実際に調整を行うのかどうか、調整の手法や時期、その成功の可否、それにより債務が持続可能かどうかを評価しなければならない。

第一段階と第二段階では性格が全く異なり、必要とされる情報の種類も異なる。

形式的には、第一段階では、r、g、sの同時分布に関する仮定が必要である。

第一モーメント、つまり3つの変数の予測平均は、標準的な予測の情報源から入手できるだろう。難しいのは分布に関する仮定を置くことだ。これには、異なる情報源の組み合わせが必要になるだろう。例えばベクトル自己回帰といった形での過去の変数間の共分散に関する定量的エビデンス、政策やその他のショックが生産や政府収入に及ぼす影響を考慮したマクロモデ

---

10 30年以上といった超長期間の予算見通しの有用性といった難しい問題についてはうやむやにしている。これらの予測は非常に高水準の債務レベルを示すが、不可知な仮定に強く依存している。例えば、米国議会予算局（CBO: Congressional Budget Office）の今後30年間の債務予測（www.cbo.gov/data/budget-economic-data#1、2021年3月）では、債務比率が2021年の102・3%から2051年の202・2%と大幅に上昇し、サンプル期間の終了にかけて急速に爆発している。ただし、これらは名目金利が時間の経過とともに4%以上に上昇することを前提にしている。代わりに、名目金利が期間平均で2%と仮定すると、債務比率は2051年に「たったの」140%になり、サンプル期間の終了にかけて概ね安定する。私の暫定的な結論は、将来財政問題が発生する可能性があるというシグナルを無視すべきということではなく、これはSDSAの実施とは別の議論でなければならないということだ。

11 可能性は高いが、まだ十分に決定されていない変更をどのように扱うかについては、曖昧な部分がある。法律により、CBOは「現行法」のもとで基本予測を作成しなければならない。現行法の一部が変更され、期限切れになるはずのプログラムが延長されることが明らかである場合もあり、このためCBOのベースライン予測は真の予測とは言えない場合がある。

12 CBOにはそのような要請をする権限はない。しかし、発表された計画を「採点」し、議会に判断させることはできる。

ルの確率的シミュレーション、第3章の最後に確認した米国の名目金利の確率分布といった市場の情報、将来に関する特定の情報、例えば公的退職制度が一般会計予算から部分的に財源を必要とする可能性などの暗黙の債務に関する情報のようなものだ。

その際に、rの不確実性が最も重要な問題である限りで、債務の平均残存期間が非常に重要なものとなる。債務の満期が長ければ短期金利の一時的な上昇から政府は守られ、恒久的な金利上昇に対応するための時間を確保できる。[13] また、債務の通貨単位も非常に重要だ。為替レートの変動により、外貨建ての債務は事後の金利の分布がさらに広いものとなり、時間が進むにつれて債務の分布も広がる可能性がある。

現実的に難しい問題は、持続可能性リスクそのものが金利や債務ダイナミクスに与える影響をどう考慮するかだ。もし、国が安全金利(または、例えば歴史的に決定された一定のリスクプレミアムを加えた安全金利)で借り入れ可能であるとすれば、SDSAは債務の爆発に関して無視できない正の確率を示す。投資家が同じ情報にアクセスできる場合、投資家はリスクプレミアムと高金利を要求するだろう。この高金利は債務ダイナミクスを悪化させ、債務の爆発の確率を高め、その結果、リスクプレミアムも高くなる。これが続いていく。この非線形性により、内生的なリスクプレミアムと債務の均衡分布を解くことはさらに難しいものとなる。

筆者はゴンサロ・ウエルタス、マイケル・キスターとこの問題に継続的に取り組んでおり、いくつかの進歩がある(Blanchard, Kister and Huertas, 2021)。この作業によって、現実的なSDSAの設定でそれを実施する困難さを確信した。実践する場合には、まずフィードバック効果を無視してリスクプレミアムを固定とし、爆発の確率が無視できないことが判明したら金利の初期経路に爆発の確率に伴うスプレッドを加えてシミュレーションを再度行い、それを繰り返すのが最も現実的なアプローチだろう。

13　SDSAの形式を用いて、債務の持続可能性に対する債務の最適な満期構成を導き出すという興味深い研究がある。Zenios et al.（2021）を参照。

量は10以上であった。

債務対GDP比率の寄与度を評価するために、回帰式を再現し、国、年、格付け会社ごとについて、ある国が最高ランクになる推定確率を計算した[16]。そして、その推定確率を、国・年・格付け会社ごとに、債務のGDP比率に対してプロットした。その散布図が**図4－1**である。**図4－1**からは、単純かつ強力な結論が導き出される。債務比率が相対的に低いことは、高確率で最高位を獲得するための必要条件ではあるが十分条件ではない。

図4-1　格付けと債務比率

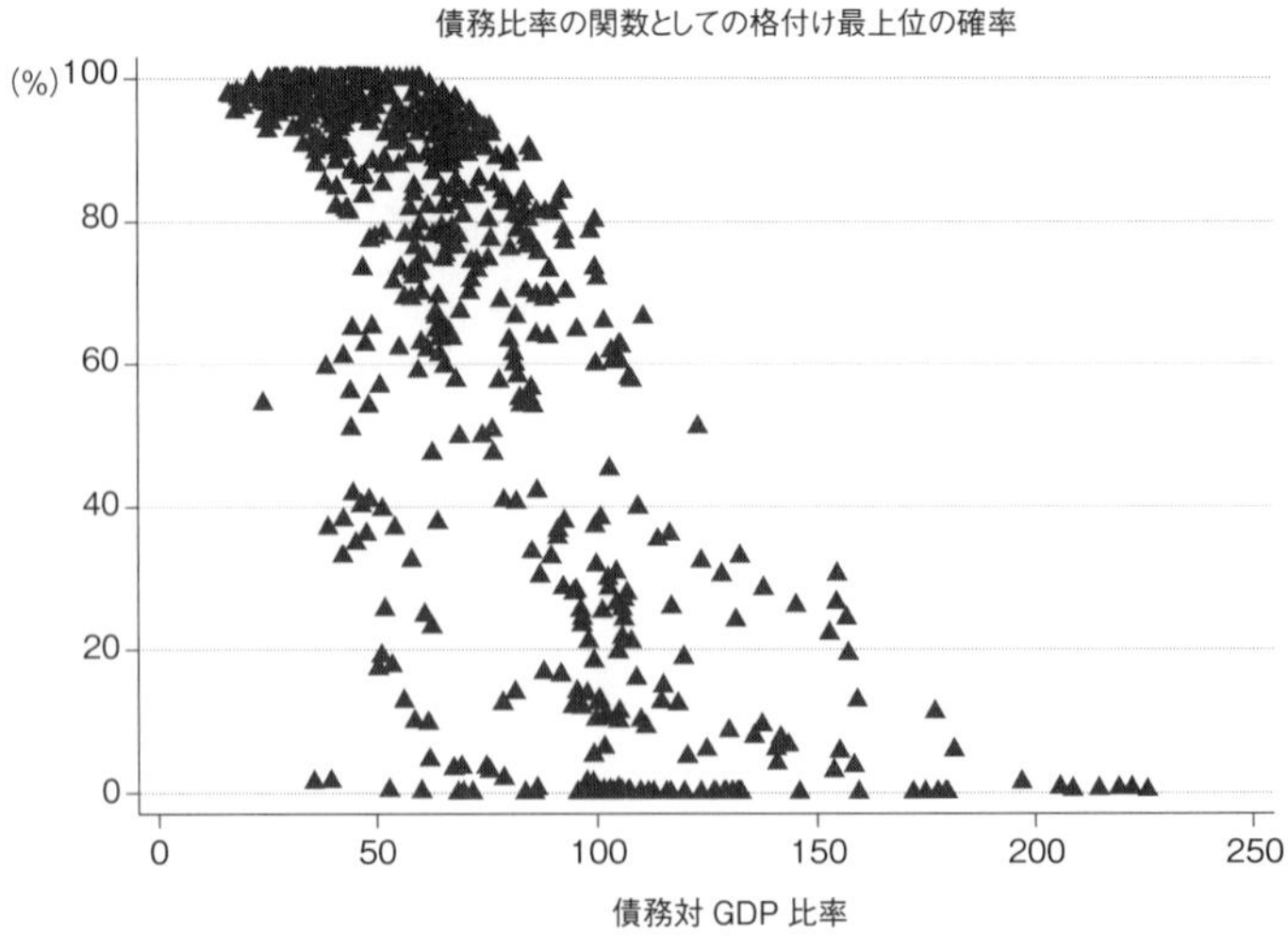

まず、**図4－1**の点の集合の外側の包絡線に注目しよう。100％に近い確率で最高位を獲得するための必要条件は債務対GDP比率が約70％以下であることだ。それ以上債務が増えると、債務対GDP比率が100％では約70％、150％では約30％と、最高位を獲得する確率は低下する。しかし、この包絡線より下のポイントを見よう。多くの国では、債務対

格付け会社は実際に何をしているのか

格付け会社はどのようなことを行っているのだろうか、そして、格付けにおいて債務の水準をどの程度重視しているのだろうか。[14]

例えば、S&Pグローバルが格付けを決定する際の手法の詳細は、Standard and Poor's(2019)に記述されている。この格付け会社は、次の5つの「柱」で評価を構築している。制度（ガバナンスの質、透明性、債務の歴史など）、経済（一人当たり所得、経済成長、ボラティリティーなど）、対外状況（通貨、対外流動性、国際投資ポジションなど）、財政（債務比率、債務返済、パフォーマンス、柔軟性）、金融（為替レートのレジーム、中央銀行の独立性、信頼性など）である。

言葉から行動へ移ろう。ソブリン債の格付けに関する計量経済学的な決定要因に関する文献レビューによれば、最も頻繁に登場する説明変数は、一人当たりGDP、過去のデフォルト、インフレ率、債務、財政赤字である。[15]

債務それ自体の影響を検討しよう。1984年から2017年までの経済協力開発機構（OECD）21カ国（一部の国についてはデータ入手が困難な場合がある）のS&Pグローバル、ムーディーズ、フィッチによる格付けを検討したゴールドマン・サックスの研究（Ardagna 2018）から出発しよう。これらの格付けのそれぞれを、11を最高（3つの格付け会社すべてでAAA）として、1から11までの11の階級にマッピングした。

次に、3つの格付けそれぞれについて、多くの変数に対する順序プロビットを実行した。主な変数は、一人当たり実質GDPの対数、GDP成長率、失業率、インフレ率、経常収支の対GDP比率、対外純資産残高の対GDP比率、そして、財政変数2つ（政府債務の対GDP比率、プライマリーバランスの対GDP比率）であった。最も一貫して有意な変数は、一人当たり実質GDPの対数と2つの財政変数であり、債務対GDP比率のt統計

GDP比率が低いだけでは高格付けを確保できず、他の要因が支配的だ。

要するに、格付け会社による債務の持続可能性の過去の評価を見れば、債務以外の多くの要素にも注目していたことが明白である。同時に、相対的に債務が多い国にはペナルティーを与えてきた。新たな低金利環境の下では、債務とその他の要因の相対的な比重を変更すべきかどうかという疑問が生まれるだろう(そうすべきであると、本章の他の部分で私は主張している)。

政府にとっては、第二段階は単純なものだろう。現時点から開始して、既存の政策あるいはアナウンスされた政策にどのような変更を加えれば、債務の爆発の可能性を減少させることができるだろうか。それでもなお、将来のある時点で急調整の必要があるとすれば、政府にはどのような手段を講じる用意があるだろうか。

第二段階は外部にとってはより困難であり、定性的な評価を含むものとなるだろう。政府が発表した対策が信頼に足るものであり、リスクを十分に低減できるのか。そうでない場合、仮に債務の爆発の可能性があるとして、政府がそれを回避する意思と能力を有するのかどうかである。これは以下のような多くの要因に依存する。

- 必要な調整の規模に依存する。プライマリーバランスの大幅な赤字からプライマリーバランスの大幅な黒字への転換は困難なものだ。
- 債務の満期に依存する。満期の平均が長いほど、短期金利の持続的な上昇に対応して、政府がプライマリーバランスを調整する期間を長く取ることができる。

---

14 Blanchard（2019a）に基づくが、それは、Romer and Romer（2019）について議論したものだ。
15 例えば、Afonso, Gomes, and Rother（2011）が代表的である。
16 Silvia Ardagna のデータ提供に感謝する。

・必要な財政再建が生産に及ぼす影響、そして、金融政策がその悪影響を相殺する余地、さらに、実効下限制約の拘束の度合いに依存する。
・当初の税の水準に依存する。既に非常に高い場合、増税の余地は限られる。
・政府のあり方にも依存する（現在だけではなく将来にわたってのものだが、それを予測することは難しい）。連立政権は強力な調整を実施しにくいだろう。議院内閣制の政府も同様だろう。
・政策立案者の個性にも依存するだろう。例えば、2021年2月にイタリアの首相にマリオ・ドラギが指名されたことは、イタリアの債務状況について、市場に明らかに安心感を与えた。

端的に言えば、債務の持続可能性の評価は科学であると同時に芸術でもある。虚無的になるべきであり、債務や現在の財政赤字といった単純な尺度では十分ではなく、より良い方法はないと結論づけるべきだろうか。私はそうではないと考えている。

SDSAの第一段階はそれ自体でも非常に有用だ。私がこれを知ったのはIMFに所属していたときだ。当時、IMFはSDSAの完全版にまで至っていなかったものの、いくつかの代替シナリオを作成していた。[17] シナリオに関するディスカッションは非常に有益なものだった。少なくとも、SDSAは多くの情報をまとめることができ、例えば（r－g）の分布、暗黙の債務が顕在化する可能性などの前提に関する有益な議論を導くことは可能だ。

現在の環境では、今後10年間持続的に（r－g）の符号を反転させる確率は存在するものの小さなものであるという第3章での結論に基づけば、ほとんどの先進国において例えば10年後に債務が急増する確率は大きく見積もっても小さい確率だろう。しかし、必要な場合において、このプロセスの第二段階は、政府にとっても外部にとっても極めて有用だろう。それは、（r－g）の符号が反転することに備えたプランBを検討するように政府を促す。

ここまでは方法論を議論した。内容に目を向ければ、SDSAの論理は、現在の環境における債務の持続可能性に影響を及ぼす債務の役割について、3つの主な結論を導く。

- 主要な、そして、明確な結論は、先に確認した確実性の仮定の下と同様に、（r－g）＜0はより好ましい債務ダイナミクスをもたらすことだ。不確実性の存在はより慎重な結論を導くが、適度なプライマリーバランスの赤字が持続可能性の問題を引き起こす可能性は低いだろう。
- 持続可能でない状況が課題として認識される場合には、債務比率の現実的な低下が債務の

17　IMFは現在完全版のSDSAのアプローチについて検討している。International Monetary Fund（2021）を参照。

持続可能性の確率に対して与える影響は小さい。仮に、ある政府が長期の緊縮財政によって、10年間で債務比率を110%から90%に成功裏に引き下げたとしよう（現行のEUルールにおけるターゲット水準である60%に戻すという目標は、非常に高いインフレと非常に低い名目金利でなければ、今後10年間で到達することは確実に不可能だ）。その上で、（r－g）がマイナス3%から0%に上昇し、それに伴って債務返済が増加したとする。債務調整を行わない場合、債務返済の増加はGDPの3・3%であるが、債務調整を行った場合でも2・7%であり、長期の厳しい緊縮財政の期間と引き換えにしても大差は生じない。

・反対に、優れた条件付きの計画の効果は債務の持続可能性にはより大きな影響がある。例を挙げれば、付加価値税率の引き上げを予め用意するなど、（r－g）が好ましくないものとなった場合にプライマリーバランスを改善する信頼に足る計画といったものだ。例えば、現在の低い（r－g）の状態で債務が持続可能であれば、（r－g）の継続的な上昇に対応してプライマリーバランスを一対一で、しかし、ある程度の分散を伴ったラグをもって改善する条件付きの計画は、債務の持続可能性の問題を完全に排除する。[18]

要約しよう。

債務の持続可能性を議論し評価するためには、二段階のSDSAが最善の方法だ。（r－g）が低いままであると考えられるが確実ではないという現在の環境では、（r－g）の上昇の可能性を予期して長期間にわたって緊縮財政を行うよりも、（r－g）の上昇に対応してプライマリーバランスを改善するという条件付きの政策の方が、債務の持続可能性を確保する上で良い方策と言える。

18　信頼に足る条件付きの計画がいかに困難であるかは理解している。このような計画がどの程度信頼できるかは、r－gの上昇の要因に依存する。潜在成長率の低下は、赤字削減の達成を政治的に困難にする可能性がある。rの上昇は、それが中立金利r*の上昇と総需要の増加を反映していれば、生産に悪影響を与えずに赤字を削減することが容易になる。しかし、基本的な概念は明白だ。

本文で述べたようにプライマリーバランスが債務返済に反応することを可能にするフィードバック項を加えたものに等しいと仮定する。

$s = a_s + e_s + c[(r-g)b(-1)], e_s \sim N(0, s_s)$, e_sはe_uおよびe_xと無相関。

フィードバックがないベンチマークから始める。そこで、cはゼロに等しい。分析は、n年後の債務と赤字の確率分布を計算することである。b_0は100%に等しく、プライマリーバランスは$a_s = -2\%$と仮定する。$a_u = -2\%$という仮定と合わせて、確実性（$s_x = s_u = s_s = 0$）の下では、債務比率は一定に留まる。

10年目までの債務の増加分（$b_{10} - b_1$）を債務爆発の指標とする。**図4-2**は、e_x、e_u、e_sの100万回の試行に基づく分布である。最も低い頂点と厚い裾野を有する分布は、c＝0.0の場合に対応するものだ。他の2つはcが正の値の場合に対応し、以下で説明しよう。

図4-2　債務比率の変化の分布

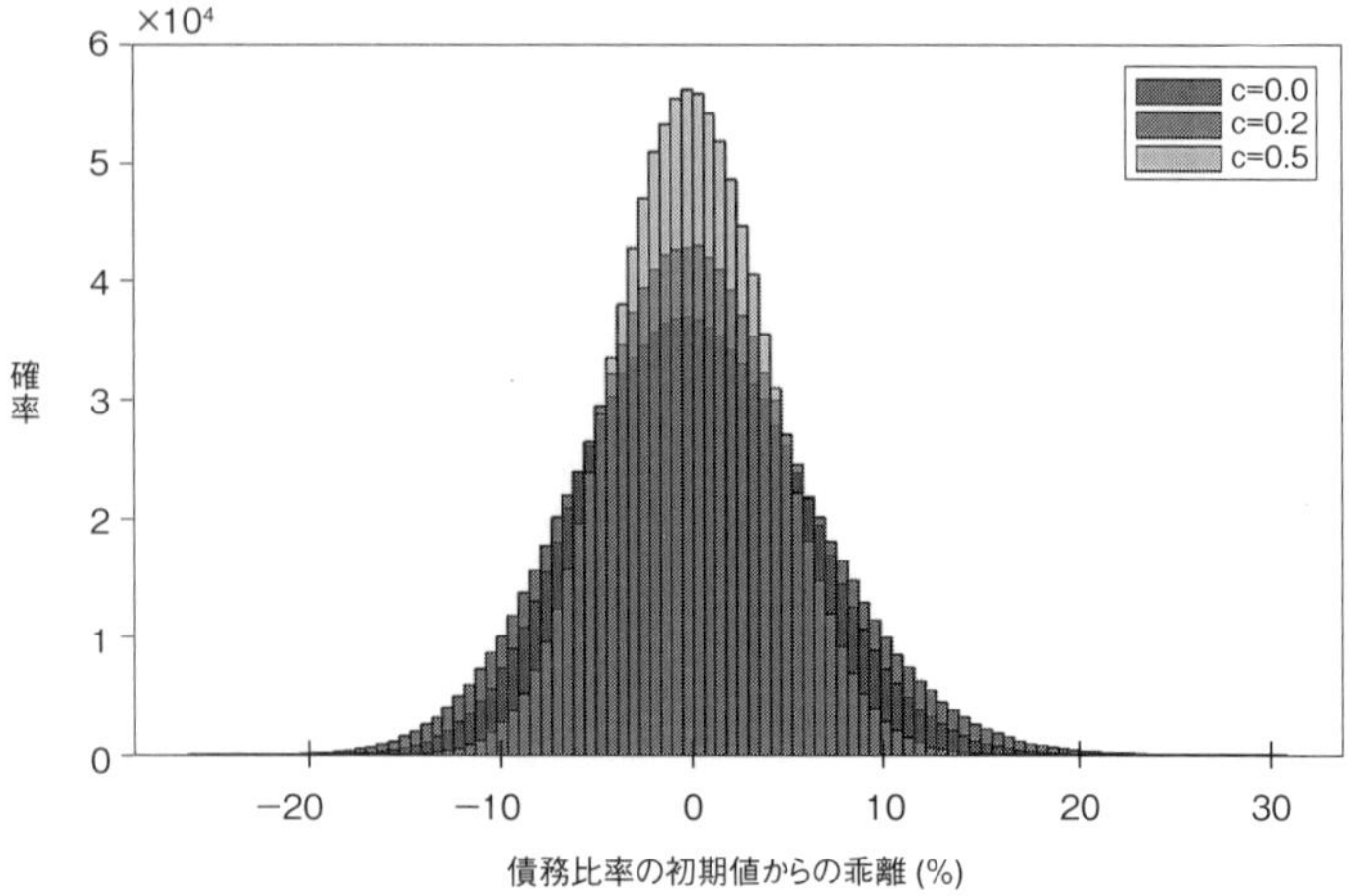

SDSAはどのようなものか。SDSAに関するいくつかのインプリケーション

簡単なシミュレーションでSDSAの結果を示し、本文中の2つの結論を補強してみよう[19]。まず、次のように仮定する。

(r−g)は分散が小さいランダムウォークxとホワイトノイズ項uの和であると仮定する。

$$(r-g)=x+u$$

$$x=x(-1)+e_x,\ e_x \sim N(0,s_x),\ x_0=0.0$$

$$u=a_u+e_u,\ e_u \sim N(0,s_u),\ e_u と e_x は無相関$$

これは、将来予想される(r−g)の値は現在の値と同じだが、時間の経過とともに、恒久的に(e_xの場合)、または一時的に(e_uの場合)、上昇または低下する可能性があるという概念を捉えたものだ。

次のカリブレーションを選択しよう。

$s_x=0.3\%$と仮定する。n期先のxの標準偏差$\sigma(x_n)$は、$\sqrt{(n)}*s_x$に等しい。シミュレーションの期間nを10年とする。したがって、$\sigma(x_n)=3.3*s_x=1\%$であり、(r−g)の永久成分x_nが10年間で2%以上上昇する確率は2.5%に等しい。

a_u((e_uとe_xが実現する前の期間0の)(r−g)の現時点の値)を−2%とし、ホワイトノイズ成分の標準偏差$s_u=1\%$とする。

債務蓄積の方程式を次の通り示そう(つまり、単純化のために(1+g)項は無視する)。

$$b-b(-1)=(r-g)b(-1)-s$$

プライマリーバランスsは定数a_sにホワイトノイズe_sを加えた上で、

このベンチマークでは10年間の債務比率の増加が10％を超える確率pは5.8 ％である。他のシミュレーションを考えてみよう。

- 初期の債務が1ではなく、0.9としよう。この場合、債務が10％超増加する確率は7.8％に上昇する！　債務が少ないほど債務が増加する確率が高いのは意外な結果だろう。しかし、それは論理の間違いでもプログラミングの間違いでもない。シミュレーションでは－2％で始めているが、当面継続することが想定される（r－g）がマイナスのときには、投資家は実質的にお金を払ってでも債務を保有したいと考えており、低水準の債務は悪いことなのだ。この結果を過大評価してはいけないが、債務の減少が有用ではない可能性があることを示唆している。
- （r－g）b（－1）と定義される債務返済に対応してプライマリーバランスを部分的に調整する場合を考えよう。それは、cが正であるものだ。c＝0.2では分布が狭くなり、10％を超える債務増加の確率は、3.8％に過ぎない（c＝0.0のときの5.8％と比べよう）。c＝0.5では確率は0.8％に低下している。債務の持続可能性を確保するための債務返済に対応した条件付きの調整の有効性を示している。
- 最後に、永久成分の標準偏差s_xが0.3％ではなく0.2％である場合を考えてみよう。この場合（c＝0とすると）、10年間の債務比率の増加が10％を超える確率は2.7％に低下する（ベンチマークでは5.8％であった）。一方、一過性成分の標準偏差が1％から0.5％に減少した場合、確率は4.4％にしか低下しない。このことは、（r－g）の動きが一過性のものか永続的なものかを見極めることの重要性を示している。

4-3 効果的な持続可能性ルールは設計可能か

これまでの私の提案は評価手法であり、ルールではない。概念的には、債務の持続可能性に関するルールの設計は自明とは言えない。

財政政策の実行のためのルールと、債務の持続可能性の確保のためのルールという2種類のルールを区別する必要がある。それらの目標は同じものではない。本章での議論やEUのルールに関する議論では、2つ目のルールについて議論している。

EUのルールは、他の加盟国に影響を与える持続可能性の問題を引き起こさないようにしながら、各国が自国の財政政策を望む形で運用するためのものだ。[20]ある国には多くの財政余地が

19 アイルランド財政評議会が行ったアイルランドのSDSAの実際の分析は、2021年5月の財政評価報告書(Irish Fiscal Advisory Council 2021)のボックスHに示されている。ただし、この分析での(r－g)の想定分布は広すぎると感じる。また、関連するものとして、フランス経済観測所(OFCE)が構築した公的債務確率シミュレーター(Timbeau, Aurissergues, and Heyer 2021)があり、これを用いて独自のシミュレーションを構築することができる。

20 EUの財政ルールをめぐる議論ではこの区別が常に明確にされているわけではない。

あり、ある国はより大きな債務と赤字を抱えることができるにもかかわらず、その余地を利用しない場合がある（ドイツを考えてみよう）。この意味で、これらの財政ルールは、テイラー・ルールや米連邦準備理事会（FRB）が最近採用した平均インフレ目標（AIT: average inflation targeting）ルールなどの金融政策ルールとは異なるものだ。

これは、明白な概念上の論点を提起する。財政余地、同様に、債務の持続可能性は、実際の現在の財政政策や予定された財政政策に依存する。例えば、金利が上昇した場合、それに対応して将来的にプライマリーバランスの赤字を削減する信頼できるコミットメントがあれば、債務が持続可能となる確率が上昇し現時点の財政余地が大きなものとなる。これは上記のシミュレーションの1つでも明らかにされたものだ。つまり、現在の債務水準とプライマリーバランスを前提として、プライマリーバランスを将来の債務返済に対応して変化させることで将来の債務の分布は狭くなり、債務の増加が特定の閾値を超える確率は低下する。現時点では同水準の債務とプライマリーバランスの赤字を抱える2つの国が、全く異なる財政余地を持つ可能性があるのだ。

これは第2節（4-2）で述べたSDSAのアプローチに関連した問題ではない。SDSAは、国により、年により、その時点・場所で行われるものだ。例えば、債務返済の推移に基づきプライマリーバランスを調整する信頼できるコミットメントなど、特定の現在の政策や発表されている政策を考慮することはできる。しかし、ルールを設計する場合にはより問題となるものだ。

ルールの性質上、SDSAにおけるすべての要素をルールが考慮に入れることはできない。単に債務の持続可能性を確保するためのルールを設計することが目的なら、実に簡単だ。極めて保守的になるだけでいい。例えば、ドイツの「ブラック・ゼロ」のように、赤字は常にゼロでなければならないというルールであれば、それだけだ。また、机上では、マーストリヒトの初期ルールのようなルールも同様だ。しかし、それらは財政政策を不必要に拘束する。そのため、EUのルールは尊重されず、どんなに拡張したとしても受け入れられるものではないと現在では広く考えられている。持続可能性を確保しつつ、財政政策を最適に利用するための十分な余地を残すルール、例えば、特に実効下限制約のように金融政策に制約がある場合に生産の変動に対応するための十分な余地を残すといったルールを見つけることが課題なのだ。

これらを念頭に置きながら、EUは公式な定量的ルールを廃止し、上記のアプローチに従うべきであると、ジェロミン・ゼッテルマイヤーとアルバロ・レアンドロとともに私は提案している。SDSAの第一段階は、欧州委員会が各国の財政評議会と協力して行う。その後、当該国との対話や協議を行い、該当する場合は第二段階に進む。最後に、その国に調整計画の提示や何らかのペナルティーを求めるというEU理事会や司法裁判所の新しい専門セクションにおける裁定プロセスを行うべきである（Blanchard, Leandro, and Zettelmeyer 2021）。

私は現在でもこれが最適な方法だと考えている。しかし、多くの政策立案者は、これは弱すぎるアプローチであり、終わりのない意見の対立や協議が続くのではないかと心配しており、形式的なルールが必要だと考えている。
そのため、多くの改革案が提案されている。[21]

最小限の改革案もある。例えば、債務目標60%は維持するが目標への調整スピードの制約を緩和する、あるいは債務目標をより現実的な水準に引き上げるといったものだ。支出ルールによって支出を抑制する一方で、収入についてはおそらく自動安定化装置（automatic stabilizers）によるもの以上の景気循環による変動を許容することによって、経済変動へのより強力な財政の対応を可能にすることを目的とする支出ルールの提案も多く見られている。

原則としては、制約付き最大化問題として設定することが可能であり、またそうすべきだ。SDSAの数多くの変数のうち、何が測定可能なのだろうか。持続可能性の確率に最も影響を与えるのはどの変数だろうか。測定できないものを除外した場合のコストはどの程度だろうか。これらの問いに対する回答は未完である。現状を踏まえると、許容できるルールの輪郭はどのようなものだろうか。

- シンプルなルールを追求すること自体は理解できるが、無謀だ。これはEUのルールの歴史から導き出される教訓である。当初はシンプルなルールだったが、時間が経ち、不十分な点が明らかになるにつれて、複雑なものとなっていった。現在、それらを理解している人はほとんどいないだろう（概略を試みたものとしてBlanchard, Leandro and Zettelmeyer 2021を参照）。複雑なものとなっていったアナロジーとして、数世紀にわたって次々と増築されたスペインのアビラの大聖堂の絵（**図4－3**）を見てほしい。その複雑さは現実の複雑さと評価の必要性を反映しているが、ルールの過剰な複雑化を示すものではない。

- 上記の債務ダイナミクスの分析は、それでも、シンプルな出発点の原則を示唆するものだ。式（4．2）に戻ろう。債務が持続可能かどうかは、$((r-g)/(1+g))b(-1)$ と定義される債務返済に足りるほどの十分なプライマリーバランスsを生むかどうかに依存する。債務比率の上昇を避けるためには、この定義による債務返済に足りるほどの十分なプライマリーバランスを確保する必要がある。
- これは、$((r-g)/(1+g))b(-1)$ として定義される債務返済の関数として、長期的に一対一でプライマリーバランスを対応させるルールを示唆している。債務の平均金利の変動は急激となり得るため（債務の平均残存期間が長いほどその傾向は弱い）、プライマリーバランスの調整は一度に行うのではなく、徐々に行うことが理にかなっている。[22]
- 債務の上限を債務ではなく債務返済の観点から捉えることは、債務に焦点を当てた既存のルールと比べれば根本的な概念変更だ（このメッセージの補強になるものとして、米国政府は

21 例えば、Bénassy-Quéré et al.（2018）。参照としては、Blanchard, Leandro, and Zettelmeyer（2021）。

図4-3　アビラの大聖堂

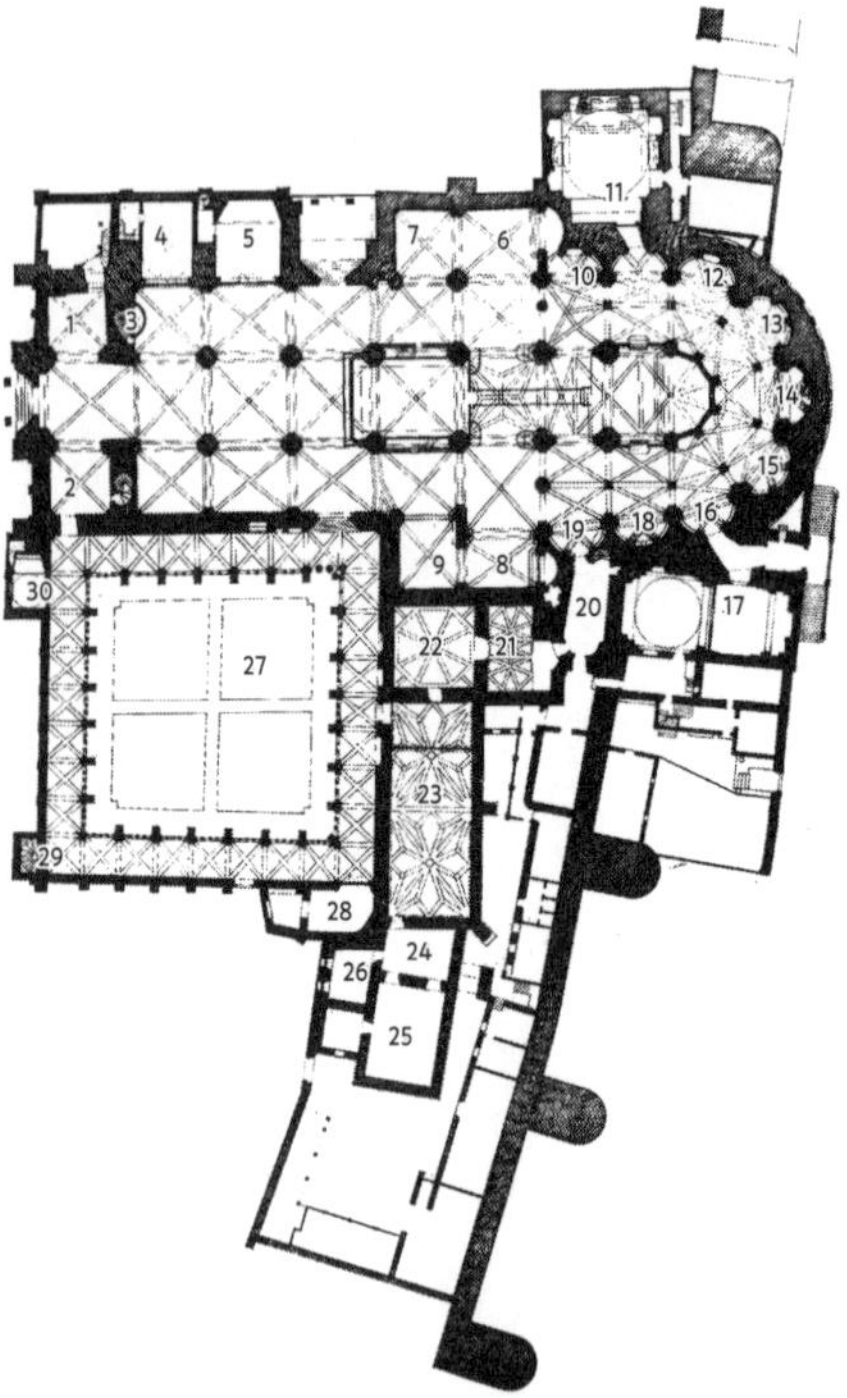

1．聖ミゲル礼拝堂
2．聖アンドレス礼拝堂
3．洗礼盤
4．ピエタの礼拝堂
5．コンセプシオン礼拝堂
6．聖アントリン礼拝堂
7．聖ペドロ礼拝堂
8．聖テレサ礼拝堂
9．聖イルデフォンソ礼拝堂
10．聖ラファエル礼拝堂
11．聖心礼拝堂
12．聖ニコラス礼拝堂
13．サンティアゴ礼拝堂
14．恵みの礼拝堂
15．伝道者聖ヨハネ礼拝堂
16．聖エステバン礼拝堂
17．聖セグンド礼拝堂
18．聖母被昇天礼拝堂
19．洗礼者聖ヨハネ礼拝堂
20．ロマネスク聖具室
21．幕屋の礼拝堂/宝物室
22．聖バルナバ礼拝堂/聖具室
23．図書室/キロガの礼拝堂
24．新章のアトリウム/カントラーレ・ホール
25．新章の居間
26．旧大聖堂資料室/パッション・ホール
27．回廊
28．洞窟の礼拝堂
29．ヌエストラ・セニョーラ・デ・ラ・クラウストラ礼拝堂
30．十字架礼拝堂

2021－22年度予算の概要説明において、債務対GDP比率の見通しの記述の行に加えて債務返済対GDP比率の見通しに関する記述の行を追加した[23]。

• 債務返済だけでなく、債務も注目すべきだろうか。上記のルールでは債務比率のプロセスが単位根を持つことを意味し[24]、債務比率のプライマリーバランスへのフィードバック係数による債務比率の変動を制限したいと思うかもしれない。その理由の1つは、政治的な理由であっても、政府が維持できるプライマリーバランスの黒字の大きさには上限が存在することだろう。

そのような上限があるとしてs_{max}と呼ぶと、$(r-g)/(1+g)$の分布と合わせて、債務に上限が存在することになる。具体的には、持続可能なプライマリーバランスの黒字の最大値がGDPの3%であり、小さいものの正の確率で$(r-g)/(1+g)$が2%に達するとする。

22 これは、いわゆるボーン条件（Bohn 1998による代表的な論文に由来）の自然な拡張であり、プライマリーバランスが債務水準の増加関数となるルールが債務を定常化させることを示したものだ。Bohnはまた、米国の場合そのルールが満たされていること示した。つまり、債務が大きいほど、プライマリーバランスが平均して高くなるのである。

23 Furman and Summers（2020）は、債務返済（ただし、本書のような$((r-g)/(1+g))b(-1)$ではなく、$rb(-1)$と定義する）に注目し、関連した提案を行っている。債務返済がGDPの2%以下であれば、財政政策には制約は必要ない。債務返済が2%を超えたら、債務比率は時間とともに徐々に低下するようにしなければならない。

24 例えば、債務返済に加えて不可避なホワイトノイズと等しくなるようにプライマリーバランスを設定すると、$s=((r-g)/(1+g))b(-1)+\epsilon$となる。そして、$b-b(-1)=-\epsilon$となる。

そうすると、持続可能な債務残高の上限は、$b_{max} = s_{max}((1+g)/(r-g)) = 3\%/2\% = 150\%$で与えられる。これはフィリップ・マルタン、ジャン・ピサニ・フェリー、グザヴィエ・ラゴ（Martin, Pisani-Ferry and Ragot 2021）による提案の核心だ。このように債務比率の最大値を設定し、さらに安全性の余裕幅を構築する。そして、長期にわたってこの水準を超えないようにすることを目指す。目標とする債務比率を（r－g）の分布の関数とし、場合によってはs_{max}を決定する要因の関数とすることで、確かに現行のEU債務比率目標60％よりは改善されている。しかし、現実的な範囲では持続可能性の確率に対する債務の影響は小さく、したがって、プライマリーバランスに対する債務のフィードバック係数も小さいことを上記の分析は示唆している。

・

最後に、マクロ経済の安定化の目的のために正当化されるのであれば、債務比率の上昇を許容するような、ある程度の柔軟性を持ったルールでなければならない。例えば、民間需要が低迷し、政策金利が実効下限制約によって下方に拘束され、需要を維持するために政府が大幅なプライマリーバランスの赤字を計上せざるを得ない場合、好ましい債務ダイナミクス（つまりrが低い）であっても債務比率が上昇する可能性がある。第5章で議論するように、この場合の最適な政策は、そのようなプライマリーバランスの赤字を計上して債務比率を当面の間は上昇させることだろう。ルールは実効下限制約が拘束するかどうかも含むべきである。[25]

同様に、通常の理由により、景気循環調整後のプライマリーバランスを用いてルールを表現することも意味があるかもしれない。この場合、生産の変化が恒久的なものか一過性のものかを測る必要があり、難しい問題であるが避けることはできない。

要するに、債務の持続可能性を確保するために定量的ルールを用いる意義について私は懐疑的だ。それでもなおルールを用いるのであれば、債務返済に合わせてプライマリーバランスを調整するルールを検討すべきだろう（EUのルールの改革については、次の第4節（4－4）の公共投資の議論を経て改めて検討したい）。

25 民間需要が構造的に低迷し、中央銀行が実効下限制約にとどまり、プライマリーバランスの赤字が巨額となり、債務が着実に増加せざるを得ない状況という問題がありうる。ある時点で、債務の持続可能性が問題になる可能性がある。この問題は、第5章で最適な財政政策を議論した後、第6章で日本の財政政策を議論する際に再び取り上げよう。

4-4 公共投資と債務の持続可能性

公共投資は緊縮財政の犠牲になることが多い。例えば移転支出を削減するよりも、現時点では効果のない支出を削減する方が政治的に容易である。

公共投資に関する意思決定は、分離原則のもとに進められるべきだ。

- 第一に、債務を財源とするか否かにかかわらず、公共投資のリスク調整後の社会的収益率が、事業期間中の政府の実質借入金利に等しくなるまで進められるべきである。[26]
- 第二に、公共投資が債務の持続可能性に影響を与えるかどうかは、政府に直接的・間接的に発生する財政的収益に依存する。社会的収益が大きい場合でも、公共投資の多くは財政的収益がないか、あるいは市場収益に比べて財政的収益が小さい。これがまさに公共セクターが公共投資を行う一般的な理由である。このように、財政的収益の小さい公共投資は、債務の持続可能性に影響を与える。

これらの原則から明快な結論が導かれる。公共投資による政府への財政的収益が存在しない場合、債務の持続可能性の観点からは、政府消費と同じように債務の持続可能性に悪影響を与えることになる。たとえ予想される財政的収益が期待市場収益と等しいとしても、財政的収益の不確実性が将来の債務の分布、ひいては債務の持続可能性に影響を与える可能性がある。このように、公共投資は望ましいものであったとしても、自動的に債務を財源とすることができるという命題は誤りである。債務の持続可能性に影響を与える可能性があるため、一部は税を財源とする必要があるかもしれない。[27]

公共投資が国に直接の財政的収益をもたらさない場合でも、公共投資が潜在生産量、そして政府の収入一般に与える効果を通じて生じる間接的な財政的収益を考慮すべきかどうかという現実的な課題が存在する。一般的にこのような効果を事前に正確に評価することは困難であり、潜在生産量への効果を政府が過大評価するリスクが存在するという問題がある。このため、間接効果の評価は独立機関に委任するべきだと考えている。それが難しい場合は明確な場合に限って検討すべきだろう。いずれにせよ、これらの効果に伴う不確実性は考慮されるべきだ。[28]

26　これは単純化したものである。公共投資プロジェクトが国家に市場収益をもたらさないため、債務と税の組み合わせで部分的に資金を調達しなければならない範囲では、課税の限界費用も考慮に入れて決定する必要がある。また、その投資が分配に悪影響を与える場合には、その影響も考慮しなければならない。

27　したがって、資本勘定支出を自動的に全額債務で資金調達することを認める、いわゆる財政のゴールデン・ルールには私は反対である。

公共投資が債務ダイナミクスに及ぼすすべての影響は、原則としてSDSAで把握できるため、それ以上のことは必要ないかもしれない。しかし、公共投資をさらに可視化し、政府が緊縮財政に乗り出す際の削減対象となりにくくするためには、政府の予算を経常勘定と資本勘定に分けることが理に適うだろう。また、財政ルールを導入してプライマリーバランスに制約を設ける場合、政府全体のプライマリーバランスよりも、経常勘定に関するプライマリーバランスを用いる方がより良い手段となる。

経常勘定と資本勘定を検討する1つの方策として、公共資本を担当する政府機関を設置し、その会計を中央政府の会計から分別して管理することが考えられる（これは欧州債務庁設立の青写真かもしれない）。分別会計は担当機関が存在しなくても可能だが、その方が設計が容易であり、正式な機関が存在することで2つの会計の分別の信頼性が増すだろう（代数とその意味については、135ページの「**経常勘定と資本勘定の分別に関する代数学的考察**」に示している）。

そこで、公共投資と公共資本を担当する政府機関を検討してみよう。この機関の損益計算書の支出面には総投資支出がある。収入面では、債務発行の他に2つの収入源がある。公共資本からの総財政収益に加えて、通常ではその収益は市場収益に減価償却費を加えたものよりも少ないため、その差額を埋める政府からの移転である。政府機関は、必要に応じて債務を発行し、収入と投資の差額を調達する。この仕組みでは、政府機関の債務は、公共資本からの収入と中央政府からの移転によって完全に裏付けされている。

次に、中央政府の損益計算書を考えよう。経常勘定と資本勘定が分別されていない場合、政府支出には債務の利払い費に加えて政府消費と政府投資の双方が含まれる。政府収入には税に加えて公共資本からの財政的収益が含まれる。中央政府の新しい損益計算書では、支出には公共投資が含まれず、収入にも公共資本の財政的収益が含まれないが、両者は政府機関の損益計算書に記載される。一方で、支出側に表示されるのは中央政府から政府機関への移転である。財政的収益が市場収益と減価償却費の和を下回る限り、これらの移転は正の値となり、中央政府のプライマリーバランスを減少させ、債務の持続可能性に影響を与える可能性がある。SDSAは、税財源ではなく債務を財源とする余地を示すものである。この余地があるとすれば、それをどのように利用すべきか、また、債務と税のどのような組み合わせで利用すべきか、そしてその余地を利用すべきか否かについては、第5章で議論しよう。債務返済に対応してプライマリーバランスを調整することを基本としたルールでは、標準的なものよりも、このプライマリーバランスの定義を使用することが望ましいだろう。

28　こうした間接的な効果を評価することは「ダイナミック・スコアリング」と呼ばれ、CBOでは1997年以降、債務予測に当たって考慮することもある。

$$b_a - b_a(-1) = i_g - (r+\delta)k(-1) + rb_a(-1) \qquad (4.6)$$

中央政府はc_gを支出し、$(r+\delta-x)k(-1)$を政府機関に移転し、税収を得るとともに債務b_cを発行する。中央政府の債務ダイナミクスは次式で与えられる。

$$b_c - b_c(-1) = c_g + (r+\delta-x)k(-1) - \tau + rb_c(-1) \qquad (4.7)$$

資本に対応して債務が政府機関に当初移転されたとすると、$b_a(0) = k(0)$となり、式(4.6)に$k(0) = b_a(0)$を代入すると、$b_a(1) - b_a(0) = k(1) - k(0)$が得られる。したがって、以降、$b_a = k$となる。政府機関の債務は公共資本と等しく、資本からの収入と中央政府からの移転によって完全に裏付けされたものとなる。

したがって、中央政府の債務とプライマリーバランスに注目するだけでよい。公共投資の財政的な収益率が低ければ、政府機関への移転は巨額とならざるを得ず、プライマリーバランスは減少し、債務の持続可能性に影響を与える可能性がある。要するに、公共投資は一般に債務の持続可能性に影響を与える。

この仕組みでは、少なくとも債務発行の目的で、政府がc_gの構成要素(例えば、教員の給与など)を投資として分類するインセンティブはないことに注意しよう。これらは直接の財政的収益をもたらさないため、政府機関への移転は単に必要な移転額を増加させるだけであり、中央政府の債務ダイナミクスに変化をもたらさない。

経常勘定と資本勘定の分別に関する代数学的考察

政府の標準的な予算制約を考えよう。支出面ではプライマリーバランス関連支出を消費支出と投資支出に分け、収入面では税収と公共資本からの財政的収益に分けて書こう（表記を簡単にするため生産の成長をゼロとする）。これを次のように表現する。

$$b-b(-1)=(c_g+i_g)-(\tau+xk(-1))+rb(-1) \qquad (4.3)$$

ここで、c_gは政府消費、i_gは公共投資、kは公共資本、τは税、xは公共資本の財政的収益率である。公共資本の蓄積は次式で与えられる。

$$k-k(-1)=i_g-\delta k(-1) \qquad (4.4)$$

ここでδは減価償却率である。

公共資本の財政的収益率（社会的収益率とは異なる）は、一般に民間資本の市場収益率より低いので、$x\leq r+\delta$となる。多くの公共投資では、実のところ、xはゼロに等しい。

ここで全体の勘定を経常勘定と資本勘定に分別しよう。i_gを投資し、公的資本からの財政的収益xk（－1）を受け取り、収益が市場収益より小さい場合は中央政府から移転（(r＋δ）－x）k（－1）を受け取る政府機関を想定することが最もわかりやすいだろう。政府機関は債務b_aを発行することができる。政府機関の債務ダイナミクスの式は、次式で与えられる。

$$b_a-b_a(-1)=(i_g-xk(-1)-((r+\delta)-x)k(-1))+rb_a(-1) \qquad (4.5)$$

同様に、

関連する債務水準は多くの要因、特に債務の実質金利に依存することを本章の分析は示している。そこで、目標値と目標値への調整に求められる速度（実際の債務比率と60％との差分の20分の１）のそれぞれを現在のままとすることは大きな間違いだ。60％という比率は象徴的で遠くに存在する目標として残るかもしれないが、債務削減の比重は極めて小さいものとすべきだ。

最後に、公共投資の優先順位は確かに高くすべきだが、そのすべてについて自動的に債務を財源とすることは賢明でない。本節で述べたように、たとえ社会的収益が大きい投資であっても国家への財政的収益がなければ、債務の持続可能性の観点からは、例えば公務員の賃金と公共投資の間に差は存在しない。どちらも債務の持続可能性を脅かす可能性があり、公共投資について債務を財源とするべきかは、一概に決められるべきものではない。さらに、このような債務の自動的な発行は、各国政府が投資の定義を広く取りすぎる可能性や、他方で、パンデミック対策、医療改善、教育改善などを除外するなど、適格なプロジェクトのリストを限定しすぎる可能性がある。

ＥＵルールの改革

コロナ危機により、EUの予算ルールは一時的に停止され、そのルールはおそらく改革された後に再導入されることとなるだろう。現在も協議が継続し、決定には至っていないものの、そのルールか、あるいは少なくともマーストリヒト条約に規定されている3%の財政赤字と60%の債務水準という数字は維持しつつ、並行して、2021年にEUが導入した次世代EUパッケージに沿った、国レベルとEUレベルでの債務によるグリーン投資予算を許容する政治合意（あるいは少なくとも一部の政治支持）が生じつつある。

これは既存のルールの改善であり、元のルールに戻りたいという一部の要望と、公共投資の資金調達を行いたいという一部の要望のバランスを取るものかもしれないが、最善の改革と呼ぶにはほど遠い。

財政赤字はプライマリーバランスの赤字に名目利払い費を加えたものであり、財政赤字の3%制限$s-ib(-1) \geq -3\%$を、$s \geq ib(-1)-3\%$と書き直すことができる。これは、第3節で説明した、$s \geq (r-g)b(-1)$と表現したルール(簡略化のために$(1+g)$を省略しよう）に、実質金利、名目金利、インフレ率の関係式$r=i-\pi$を代入して、$s \geq ib(-1)-(g+\pi)b(-1)$と書き直したルールを比較すると興味深い。この2つのルールの違いは、前者では3%という固定された値が存在するのに対し、後者では名目経済成長率$g+\pi$と債務$b(-1)$の積に等しい項が存在することだ。このように、3%ルールは、より優れたルールの原始的で劣ったバージョンであると考えることができるが、おそらくは説明しやすいルールなのだろう。

債務比率60%という目標は常に恣意的なものだった。概ねすべてのEU加盟国にとって、債務が増加した中で当面達成することが不可能な目標だ。債務が持続不可能になる普遍的な閾値というものは存在せず、

4-5　複数均衡と中央銀行の役割

これまで第3章と本章のSDSAの説明において、金利はファンダメンタルズ、つまり、貯蓄・投資やリスク・流動性を反映していると仮定してきた。触れてこなかったこととして、均衡が1つではなく、これまで議論してきた均衡である「良い」均衡の他に、同様のファンダメンタルズでも高金利となる「悪い」均衡が存在する可能性があることだ。

この議論はよく知られているものだ。国債が安全と考えられている場合であれば政府は安全金利で借り入れができ、この条件下では債務は持続可能だと考えられている。しかし、投資家がデフォルトリスクを懸念し、あるいは他の投資家による懸念をその投資家が懸念することで国債の保有にリスクプレミアムを求めるようになった場合、金利上昇と債務ダイナミクスの悪化はデフォルトの確率を高め、懸念通りの結果を引き起こす可能性がある。[29]

理論的には、悪い均衡はファンダメンタルズに全く変化がなくても生じうる（そのため、サンスポット均衡［sunspot equilibrium］と呼ばれることも多い）。現実には、ファンダメンタルズの悪化のわずかな認識によって「良い」均衡が悪化することで、良い均衡から悪い均衡に移行し、金利が大幅に上昇するものだろう。

このような金利の大幅なジャンプは理論的な懸念にとどまるものではない。新興市場国の歴史では、ファンダメンタルズに関する何らかのニュースに反応して投資家が一斉に市場から退出しようとし、金利が極めて大幅に上昇し、場合によっては債務不履行を引き起こすといった「サドンストップ」の事例が数多く存在してきた。しかし、ユーロ危機で明らかになったように、このようなサドンストップは先進国でも生じるものだ。

これは、現在の水準から債務を縮小しようとする際に用いられてきた議論だ。債務が小さければ、金利が上昇した場合の債務ダイナミクスに対する悪影響が小さくなる。債務が十分に小さければ、投資家が懸念して大きなリスクプレミアムを要求しても、そのことによって債務が持続不可能になって投資家の懸念が実現するほどまでには至らないかもしれない。したがって、悪い均衡は存在しないかもしれない（少なくとも、合理的予想の仮定の下では悪い均衡は存在しない）。

ここで生じる疑問がある。債務の水準がどの程度小さければ十分小さいと言えるのだろうか。現在進行中の研究（Blanchard, Kister and Huertas 2021）によれば、結論は非常に小さいというものだ。この結果の背後にある基本的な代数は、141ページの「**複数均衡と債務の安全な水準**」で示

29 このような債務危機や、その債務危機に関する債務水準や債務の満期構成の形式化についてはLorenzoni and Werning（2019）を参照。

している。一期間および複数期間の両方の枠組みで、悪い均衡が存在しない債務比率の上限値を導出している。とはいえ、直観的な説明は簡単なものだ。投資家が懸念し、将来の投資家も同様の懸念をすると予想すれば、金利の持続的な上昇は最終的に債務の爆発につながる。

以下の例では（ベンチマークというには大雑把なものだが、この結果の背後に存在する論理を示している）、低金利均衡の下で債務を安定させる債務比率（良い均衡）を100％とし、デフォルトを条件としたヘアカット（債務減免）を30％とすると、悪い均衡は債務比率が7％と低い場合でも発生しうる。

複数均衡と債務の安全な水準

来期の債務b(＋1)がある水準(b^*と呼ぶ)を超えた場合、政府はデフォルトし、債務のヘアカットはxに等しく、x＞0であると仮定する。

デフォルトの確率をpとし、リスク債券の金利をRとする。債務の期待収益率は、次式で与えられる。

$$(1-p)(1+R)+p(1+R)(1-x)$$

投資家はリスク中立的であると仮定し、安全金利はrと等しいとする。投資家は次式における金利Rを要求する。

$$(1+r)=(1-p)(1+R)+p(1+R)(1-x)$$

Rについて解くと、次が得られる。

$$(1+R)=\frac{(1+r)}{(1-px)}\text{、スプレッドは、}(1+r)\frac{px}{(1-px)}$$

単純化のために経済成長を考慮せずg＝0とすると、債務ダイナミクスは次のようになる。

$$b(+1)=\frac{(1+r)}{(1-px)}b-s(+1) \qquad (4.8)$$

sの不確実性を考慮しなければ、s(＋1)はある定数sに等しく、そして、b(＋1)にある本来的な不確実性も考慮しない(よって、均衡の複数性にのみ注目する)。

この均衡は2つの方程式により特徴付けられる。b(＋1)をpの関数として与える式(4.8)と、pをb(＋1)とb^*の関数として与える次の式である。

もし$b(+1)\leq b^*$であれば$p=0$、もし$b(+1)>b^*$であれば$p=1$
(4.9)

B点、C点の3つの均衡が存在する。B点とその確率p_Bは、安定性を理由に除外できる（投資家がp_Bの値に近いpの値を仮定し、これが意味する新しい確率を計算すると、B点からA点かC点のいずれかに向かって移動する）。このため、A点とC点の2つの均衡点が残る。

仮に$b^*=1$、$r=s=3\%$とすると、デフォルトが発生しない現時点の債務の最高値は、$\hat{b}=(b^*+s)(1-x)/(1+r)=1-x$で与えられる。ヘアカットxが30%であれば、複数の均衡が存在する債務の値の範囲は0.7から1までとなる。

しかし、この一期間の例は楽観的すぎる。複数期間モデルに移ろう。次期の投資家が、その後の債務水準がb^*を超えたらデフォルトになると想定すると、債務が$\hat{b}$を超えたら次期もデフォルトになる。つまり、今期に戻ると、$\hat{b}$が新たなb^*となり、それ以上がデフォルトとなる臨界値となる。さらに期間を遡ると、$\hat{b}$とb^*が等しくなるまで臨界値は低下し、次の条件が成立する。

$$b^*=(b^*+s)(1-x)/(1+r)$$

これを解くと、

$$b^*=(1-x)s/(r+x)$$

上記の値を用いると、$b^*=0.7*3\%/(33\%)=0.07$と非常に低い値になり、0.07から1.00という非常に大きな範囲の複数均衡が得られる。根本的な不確実性や金利のマイナスへの移動も可能とする形で、Blanchard, Kister and Huertas（2021）はより一般的な導出を行っている。

縦軸をb(＋1)、横軸をpとして、両式を**図4－4**に表す。

図4-4　複数均衡の射程

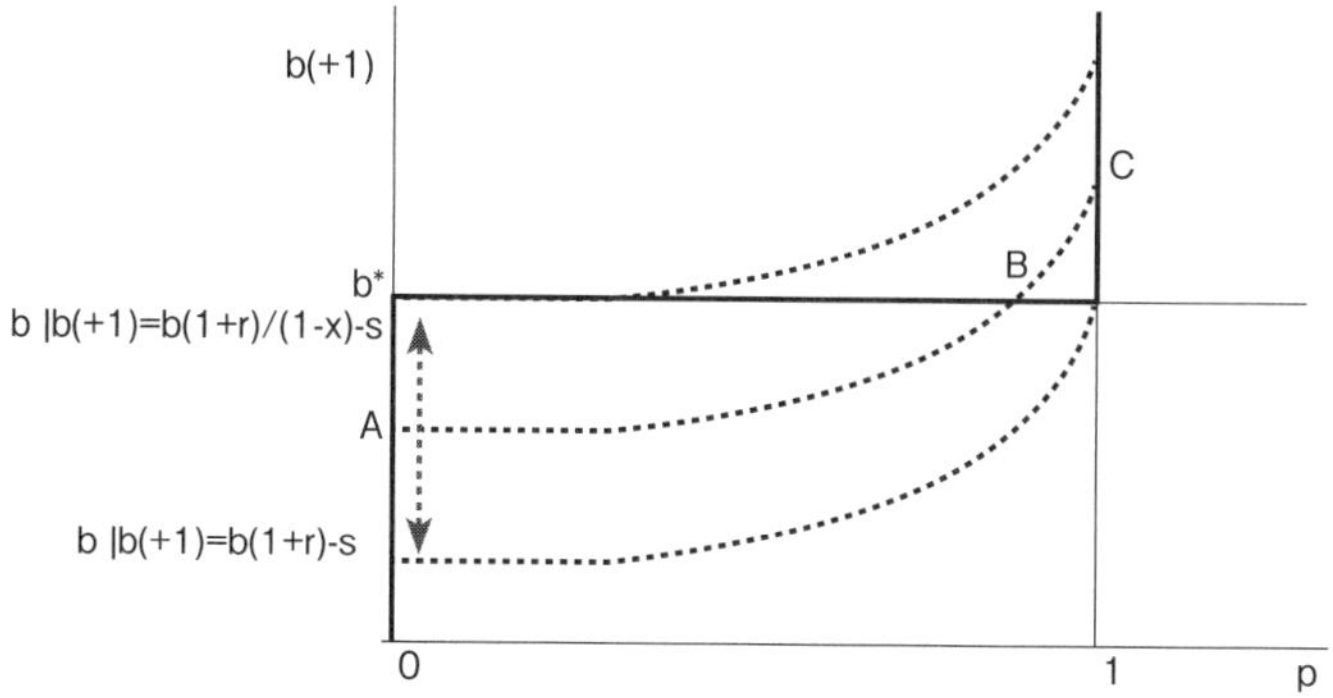

b(＋1) はpの増加凸関数であり、p＝0のときのb(＋1) の値は(1＋r)b－sである。p＝1のときのb(＋1) の値は((1＋r)/(1－x))b－sである。

pはb(＋1) のステップ関数であり、b(＋1) ≤b*のとき0、b(＋1)＞b*のとき1に等しい。

現在の債務の値bによって、1つまたは3つの (合理的予想) 均衡が存在する。

b≤ (b*＋s) (1－x)/(1＋r) であれば、(下方の破線のように) 唯一の均衡はp＝0である。投資家がデフォルトを確実に予期して大きなスプレッドを要求しても、来期の債務がb*を下回るので、p＝1は (合理的予想) 均衡ではない。

b＞ (b*＋s)/(1＋r) であれば、(上方の破線のように)p＝1が唯一の均衡となる。デフォルトはないと投資家が予想しても、次期の債務がb*を超えるので、p＝0は均衡点ではない。

現在の債務であるbがこの2つの値の間にある場合、**図4－4**のA点、

この結果は、現実的ではあるが悲しいインプリケーションを有する。それほどまで低い水準まで債務比率をすぐに引き下げることは期待できない。したがって、もし生産に多大な負担を生むのであれば緊縮財政に取り組む動機にはなり得ない。なぜなら、例えば今後の10年間に達成できる現実的な債務の縮小はデフォルトのリスクを排除することにはならないからだ。[30]

ここで次の疑問が生じる。中央銀行は「悪い均衡」を解消できるのだろうか。[31] その答えを考えるには、まず、純粋なサンスポットと純粋なファンダメンタルズの変化という2つの極端なケースを区別することが効果的であろう。現実は基本的にこの2つの組み合わせである。

純粋なサンスポット均衡の場合を考えてみよう。ファンダメンタルズは変化していないが、投資家が懸念をし始めて、低金利で売りたいと思い始めたとする。もし、十分なほど巨大な投資家が逆の立場で買う意思を持てば、悪い均衡が優勢になることはありえない。これこそまさに中央銀行の果たすことのできる役割である。投資家が売りたいと思う債券を低金利の価格で購入する準備があることをアナウンスし、必要なものは何でも買うのに十分なほど資金があると信用させることで、悪い均衡を排除できる。[32]

2012年夏、投資家が多くのユーロ加盟国の債務と悪い均衡への移行を懸念していたときのマリオ・ドラギの有名な発言を思い出そう。「私たちのマンデートの範囲内で、ユーロを守るために必要なことは何でもする用意が欧州中央銀行にある。私を信じてほしい、それで十分だ。[33][34]」

実際、投資家が売り急ぐのを防ぐのにはこのアナウンスメントでそもそも十分かもしれず、中央銀行が実際に介入する必要はないかもしれない。世界金融危機の初期段階のように、投資家が懸念するからではなく、他の投資ポジションを決済するために一時的に資金を必要とした場合のような例でも同様の結論が得られる。中央銀行は単に投資家の資金を補充し、金利上昇を抑制すればよい。

次に、ファンダメンタルズが悪化し、投資家がリスクプレミアムを求めるようになり、良い均衡の下でも金利が上昇する場合を検討しよう。この場合、中央銀行が望んだとしても、リス

---

30 悪魔の代弁をすることもできる。政府が債務を減少させるコミットメントにより、投資家はサンスポットの懸念をしなくなり、悪い均衡が起こる確率が減少するかもしれない。しかし、これは機械的な効果とは程遠く、期待するのは危険だ。

31 以下は、本書の他の部分よりも暫定的なものだ。反論は耳にしたことはないが、私の見方が絶対に正しいとは言い切れない。答えの重要性を鑑みてよくある表現を使えば、「さらなる研究のための実りある領域」である。

32 形式的には、中央銀行は豊富な資金を有するわけではないが準備預金の発行によって大規模な買い入れを行う資金を調達する能力がある。

33 欧州中央銀行総裁マリオ・ドラギによる2012年7月26日にロンドンで開催されたGlobal Investment Conferenceにおけるスピーチ。https://www.ecb.europa.eu/press/key/date/2012/html/sp120726.en.html

34 「何でもやる」(Whatever it takes)が重要だ。特定の金額をコミットするとアナウンスするだけでは十分ではないかもしれない。投資家はコミットメントを試すために、購入すると発表した以上の金額を売却しようとするかもしれない。

クプレミアムの引き下げが可能かどうかは明らかではない。議論を呼ぶ可能性があり、また、経験則とも衝突するため、まず純粋な形で命題を述べよう。

民間投資家とは対照的に、中央銀行は統合政府の一部である。国債を購入する場合、中央銀行の負債を発行して代金を支払う。近年では、この負債は通常、利子を支払う中央銀行準備預金という形で、中央銀行の口座において銀行が保有している。統合政府（中央政府＋中央銀行）のバランスシートを見ると、負債の構成が変わり国債が減少し中央銀行準備預金が増加するが、負債総額には変化がない。したがって、投資家がデフォルトリスクを懸念する場合、介入前と比べても懸念が減ることはない。[35]

債券の金利に何が生じるかは、デフォルト時における異なる種類の負債の返済の優先順位を投資家がどのように捉えるかに依存する。例えば、中央銀行の準備預金の方が債券よりもデフォルトから守られ、実質的に安全であると捉えられていれば、準備預金の増加となる介入は、民間投資家の手元に残る債券のリスクを高め、金利は低下ではなく、むしろ**上昇する！** また、中央銀行の準備預金には将来的に金利が支払わなくなることを投資家が予想し、その結果、金利の無いマネーサプライの増加につながるとすれば、投資家は将来のインフレを予想し、現時点での債券の名目金利の上昇を求めるかもしれない。

あるいは、満期のマッチングなどの理由で特定の満期の債券を保有している場合（いわゆる債券の特定期間選好仮説）、中央銀行がその特定の市場に介入すると、その債券の金利は確かに低下するだろうが、異なる満期の債券の金利は上昇する。[36] つまり、この場合、中央銀行の介入によって金利が低下する（あるいは上昇を阻止する）かは自明ではない。

他方、理論的な議論ではなく現実に目を移せば、中央銀行の介入は一般にスプレッドを低下させることを示すエビデンスがある。コロナ危機の際の欧州中央銀行の介入を見てみよう。

図4－5は、２０２０年初頭からのドイツ10年物国債に対するイタリア10年物国債のスプレッドの推移を示している。コロナ危機が進行するにつれて、イタリアの国債に対する古くからの懸念が再来し、２月から６月にかけて、ドイツ国債に対するイタリア国債のスプレッドが約80 bp上昇した。２０２０年３月、欧州中央銀行は最大７５００億ユーロの債券購入プログラム（PEPP: Pandemic Emergency Purchase Program）を発表し、６月には１兆３０００億ユーロに拡大。イタリア（やその他の）国債の購入を開始し、金利の安定と引き下げを図った。５月上旬までには、コロナ危機の厳しさにもかかわらず、スプレッドは確かに低下し、２０２０年夏の終わり

35　この議論は、民間証券の購入には当てはまらない。リスク回避度の低い投資家がその証券を購入しようとすれば、その証券の金利は低下する。この場合、中央銀行がリスク回避的ではない投資家の役割を担っている。中央銀行の介入によって金利は低下するが、リスクの移転によって統合政府のバランスシート上のリスクは増加する可能性がある。

36　特定期間の選好と特定の満期に対する特定の投資家の選好に関するエビデンスについては、Krishnamurthy and Vissing-Jorgensen（2012）を参照。

図4-5　2020年初頭からのイタリアとドイツの10年物国債のスプレッド

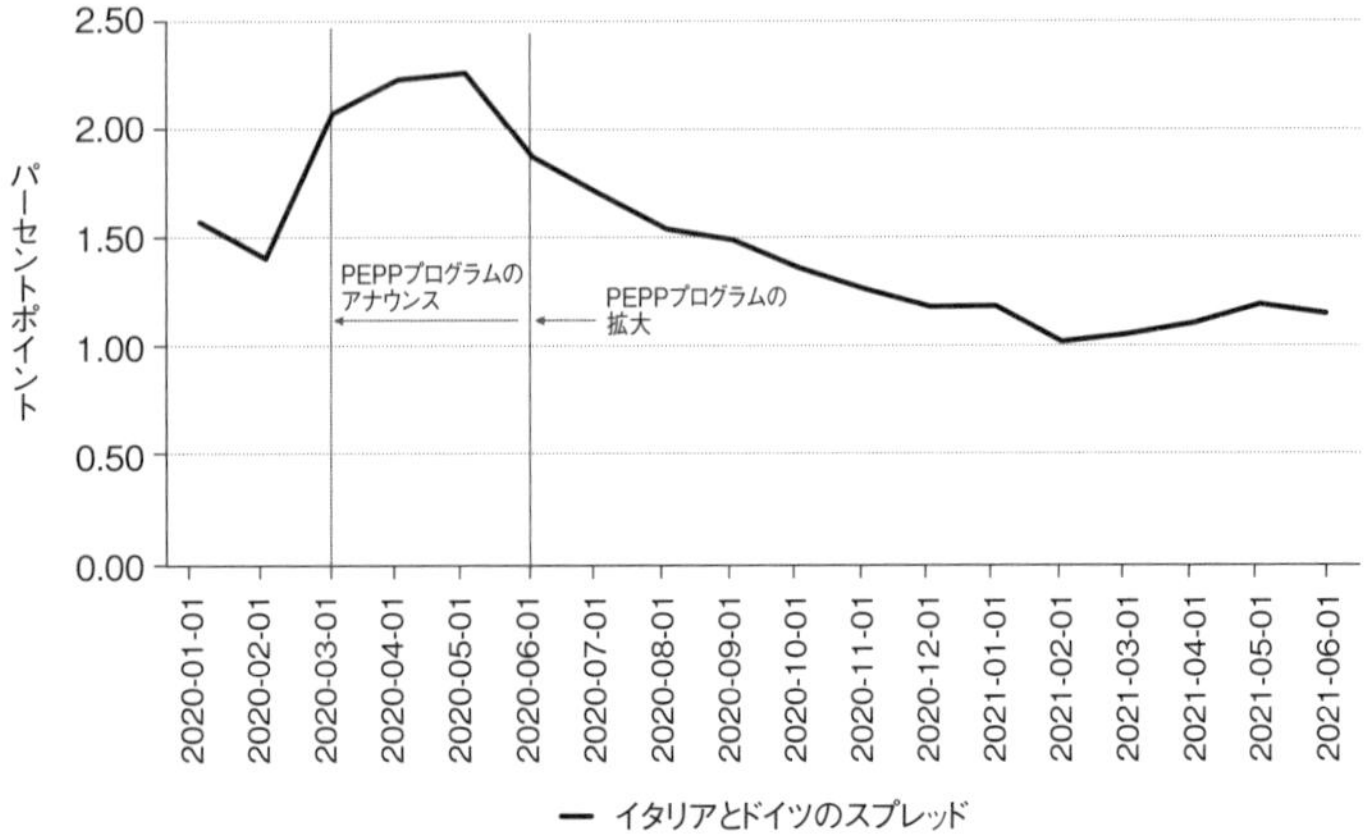

出典：セントルイス連銀FRED

までにはコロナ以前の水準に戻った。

以上の理論的考察に照らすと、何が欧州中央銀行の成功をもたらしたのだろうか。おそらく3つの理由があり、3点目は各国の中央銀行とは異なり、欧州中央銀行に固有のものである。

- 第一に、金利上昇にはサンスポット要素が大きく、投資家の懸念はファンダメンタルズに起因するものを超えていた。公平に見て、2020年7月のEU復興計画の可決はイタリアのファンダメンタルズを改善したが、スプレッドはそれ以前から縮小していた。
- 第二に、欧州中央銀行による介入のコミットメントについては、加盟国政府が債務の持続可能性を確保するための措置を講じるコミットメントに対する見返りであると投資家が認識した可能性がある。

・第三に、欧州中央銀行は各国の中央銀行以上の存在である。欧州中央銀行が資本金（欧州中央銀行に対する各ユーロ加盟国の相対的貢献度）に比してイタリア国債を多く購入する限り（それは実際に行われた）、イタリア国債のリスクの一部を他のユーロ加盟国に転嫁した[37]。

全体として、この議論は、ファンダメンタルズの変化により債務の持続可能性が疑われる場合において、中央銀行が低金利を維持する能力について警告を発するものだ。

4-6 ― 中央銀行、救済、帳消し

中央銀行、財政政策、そして債務の持続可能性の相互作用について、議論が白熱する一方で頻繁に混乱が生じていると私が考えている2つの論点が存在する。第一に、中央銀行が量的緩

37 実際には、そのリスク移転の余地は存在するとしても非常に限られたものだ。PEPPプログラムのルールでは、国債は欧州中央銀行自身ではなく各国の中央銀行が購入・保有し、デフォルトが発生しても中央銀行間のリスクシェアは行われない。したがって、ルールが守られないと投資家が予想した場合に限って国ごとのリスクの再分配が行われる。

和を通じて債務を貨幣化し、政府を救済しているのではないかという論点だ。第二に、財政余地を拡大するために中央銀行が保有する国債を帳消しにすべきかどうかという論点だ。答えはいずれも明らかに「ノー」だ。

債務の貨幣化と救済

現在、中央銀行は債務を貨幣化し政府を救済しているのか。そして、これは来るべき大インフレの前兆なのだろうか。

ある意味では、中央銀行は常に債務の一部を貨幣化している。金利低下を目的とした公開市場操作が常に行ってきたものだ。しかしながら、中央銀行がこれまでとは全く異なる規模で巨額の財政赤字のかなりの部分を事実上資金提供しているのではないかと懸念されている。例えば、2020年に入ってから、米国連邦政府は5・9兆ドルの累積財政赤字を計上し[38]、FRBはその57%に相当する3・4兆ドルの国債を購入している。[39]

しかし、現在の文脈では「貨幣化」(マネタイゼーション、monetization)は誤用だ。中央銀行が一般的に行っていることは、利子を支払う債券について利子を支払う中央銀行準備預金に置き換えることであり、貨幣が利子を支払わなかった過去のものとは全く異なるものである。大規模購入は将来のインフレに対して明白な意味を有しない。

順を追って見ていこう。

まず、中央銀行が貨幣化しているという見解に反対する議論の誤りを整理しよう。中央銀行は新規発行の国債を購入するのではなく流通市場で国債を購入する。従って、形式的には中央銀行は政府に直接の資金を提供していない。しかし、この議論は違いのない区別だ。発行市場と流通市場は密接な関係にあり、保有する国債を中央銀行に売却した投資家はその代金で新規発行の国債を購入し、ポートフォリオをほとんど変わらないものに保つことができる。これによって新規に発行された国債を中央銀行が直接購入したかのように（概ね）なるのである。[40]

貨幣化という見解に反対するもう1つの議論は意図の欠如であるが、それも説得力がないだろう。世界金融危機の際もコロナ危機の際も、中央銀行は自国政府に直接資金を提供しているとは考えていない。中央銀行は、超低水準の中立金利を実現できていた場合のイールドカーブを反映し、すべての満期の国債について金利を低く抑えようと考えていたのである。政府の財

38 財政赤字の数値は2021年末時点のもの。FRED（セントルイス連銀経済統計データ）“Federal Surplus or Deficit”系列。https://fred.stlouisfed.org/series/MTSDS133FMS

39 2021年末時点の金額。FRED“Assets: Securities Held Outright: U.S. Treasury Securities”系列。https://fred.stlouisfed.org/series/TREAST

40 新規発行の国債を市場価格よりも低い価格で中央銀行が購入するのであれば結論は異なるだろう。しかし、そのようなことはない。

政赤字がなくとも民間需要が非常に低迷する場合には、おそらく中央銀行は同じことを行うだろう。その通りではあるが、結果的に国債を大量に購入したのであれば意図そのものは問題ではない。しかし、将来何が起こるかを推測する上では重要である。追ってさらに検討しよう。

関連する議論として、中央銀行が国債購入のために発行した負債の性質に関するものがある。もしこれらの負債が無利子準備預金や通貨のように無利子の貨幣であれば、無利子のマネーストックを大幅に増加させることとなり、後に元通りにしなければ、将来、高インフレを生み出す潜在的な可能性があった（実際、ハイパーインフレは常にこのように始まってきた）。

しかし、中央銀行が発行しているのは、利子を支払う中央銀行準備預金である。それが代替する国債と概ね同じ金利を支払う限り、統合政府の利払い費全体に対する影響は非常に小さい。政府は中央銀行によっては救済されていない。既に述べたように、中央銀行の介入は統合政府の負債全体を縮小するのではなく、その構成を変えるだけだ。また、それがインフレの上昇に自動的につながるわけでもない。中央銀行のバランスシートの規模は拡大するが、無利子のマネーストックの規模は拡大しない。

別の形で表現すれば、現代の中央銀行は2つの活動に分かれていると考えることができる。第一に、伝統的な活動として国債や民間資産に対応してゼロ金利の貨幣を発行することであり、第二に、公的資産・民間資産を購入し、利子を支払う中央銀行準備預金を発行する仲介的な活動である。この第二の活動は、他の金融仲介機関の活動に似たものであり、インフレには直接的には関係がない。

現在は国債と準備預金の金利がともにゼロに近いため、中央銀行の準備預金が金利を支払うという議論は現時点では無意味に見えるかもしれない。金利を支払わない貨幣と金利を支払う貨幣の違いは何だろうか。実際には、中立金利が上昇し、中央銀行のマンデートに沿って中央銀行が実際の金利を引き上げる場合に何が起こるかが重要である。

1つの可能性は、債務が高水準であり、中立金利が上昇しても金利や債務返済を上昇させないように政府が中央銀行に対して圧力をかける（中央銀行のマンデートは中立金利と連動して実際の金利を引き上げることを意味する）、**財政従属**として知られる現象だ。これは確かに潜在的な懸念となるものだが、その圧力は中央銀行のバランスシートの大きさではなく、統合政府の債務水準（これが外部の投資家への利払い費を決定するのであり、これまで見てきたように中央銀行の資産購入には影響されない）に依存する。

もう1つの可能性は、中央銀行自身が金利の引き上げに消極的になることだ。金利の上昇は、支出（中央銀行準備預金の銀行への支払利息）と収入（国債の受取利息）の両方を増加させるが、金利の上昇は満期が長期の国債のキャピタルロスを意味し、中央銀行のバランスシートが債務超過になるかもしれない。経済的に見れば、バランスシートが債務超過になることは中央銀行にとって問題ではない。[41] 中央銀行が保有する国債のキャピタルロスは、当該国債の政府側のキャピタルゲインに一対一で対応しており、統合政府のバランスシートには影響を与えない。しかし、政治的な問題となり、中央銀行の独立性を低下させるかもしれない。これは、確かに中央銀行が懸念していることだ。[42]

まとめよう。

中央銀行は政府を救済しているわけではない。高債務が財政従属をもたらすことや長期国債の保有による巨大なバランスシートによって中央銀行が金利を低く抑えかねないというリスクは存在する。しかし、そのリスクは小さいだろう。先進国の中央銀行は独立性を示してきた。2016年から2018年にかけてのFRBとイングランド銀行の利上げという証拠を見ても、安心感はあるだろう。欧州中央銀行の場合、財政当局は1つではなく19カ国あり、財政政策や債務に対する考え方が異なるため、中央銀行の財政従属の可能性は極めて低いだろう。

中央銀行は保有する国債を帳消しにするべきか

債務水準が上昇する中で、中央銀行は保有する国債を帳消しにして政府の財政余地を増加させるべきだという主張も見られる。[43] 多くの財政余地が残っており、現時点でどんな形であれ帳消しをする必要はないと私は既に述べた。この議論は脇においたとしても、この特定の形式で帳消しを行うことは、提案者の想定する結果をもたらさない。

この提案は、中央銀行が保有する国債を帳消しにすれば利払い費が減少し、その結果、政府の債務返済が減少するというものだ。それ自体はその通りである。しかし、別の効果がある。それは、中央銀行の収入を減少させ、ひいては中央銀行が政府に納付する利益を減少させる。2つ目の効果は1つ目の効果と全く同じ大きさであり、政府の予算制約に対するネットでの効果はゼロだ。

民間投資家の視点からこのオペレーションを見ることで同じ結論が得られる。民間投資家から見れば政府と中央銀行の間での債権の交換に過ぎない。中央銀行は政府に対する債権を放棄し、政府は中央銀行の利益に対する債権を放棄する。これは民間投資家にとっては何の意味もない（公表される中央政府の公的債務が減少することで［実際にそれは起こる］、投資家や格付け会社が改善とみなし財政余地が増すと主張するものもいる。しかし、これは投資家が非常に愚かだと想定した議論だ）。

帳消しには直接の効果はないが、政治的な悪影響はあるだろう。シグナルとして、投資家には中央銀行の独立性への疑念を生む可能性がある。また、多くの中央銀行のバランスシートの規模を考慮すると、政府に対する債権の償却を行うと中央銀行のバランスシートが債務超過となるだろう。先に述べたように経済的には何の意味もないが、中央銀行が政府に対して独立性

41　ヘリコプターマネーを行った中央銀行には負債はあっても資産はないが、ここでの論点ではない。
42　FRBは債券を満期まで保有し時価評価しないことでこの問題を回避している。
43　この主張は、特にフランスで顕著だ。例えば、100人の経済学者による2021年2月の声明文（https://economix.fr/uploads/source/media/LeMondeAnnulationtribune.pdf）を参照。

を保持することが困難になり財政従属の確率が高くなるだろう。これは避けるべきことだ。

欧州中央銀行について(フランスでの議論の文脈から)最後に一言。欧州中央銀行は一国の中央銀行ではないため、ある加盟国の国債を帳消しにすれば、その国の財政は確かに改善される。なぜなら欧州中央銀行の利益は全加盟国に(資本金に比例して)分配されるため、債務を帳消しにされた国の利益の減少は、その国の債務の減少よりはるかに小さいからである。事実上、帳消しは全加盟国から当該国への移転だ。

しかし、この議論には限界がある。他の加盟国はそれに同意するとは考えられない。また、すべての加盟国について同じ割合で債務が償却されれば結果は無関係だ。欧州中央銀行が各国政府に対して保有する債権の減少は、加盟国に還元される欧州中央銀行の利益の減少によって相殺される。

4-7 ― 結論

第3章では、確実ではないものの、(r－g)が長期にわたって概ねマイナスに留まるであろうことを論じた。本章のテーマは、そのことが債務ダイナミクスをさらに安全なものとすることだ。しかし、これは、内生性や財政政策の中立金利への影響、特にrに関する不確実性のために、債務の持続可能性の問題を消失させるものではない。

本章では、債務の持続可能性を評価する最善の方法は、確率的債務持続可能性分析（SDSA）、すなわち各国・各年の特殊性を考慮するアプローチを用いることであると主張してきた。評価の複雑さを考えると、定量的なルールに依存することには私は懐疑的である。しかし、もしそのようなルールを用いるのであれば、債務そのものではなく、((r－g)/(1＋g))b(－1)として定義される債務返済に対応してプライマリーバランスの黒字を調整することを基本とすべきだ。ただし、中央銀行が実効下限制約で拘束されているときには、より大きなプライマリーバランスの赤字を許容する必要があるなど、例外を含むことは避けられない。

サドンストップや、中央銀行が国債のスプレッドを抑制する能力も議論した。中央銀行が国債のスプレッドを抑制できるかどうかは、スプレッドがファンダメンタルズ要因を反映しているか、非ファンダメンタルズ要因を反映しているかどうかというスプレッドの性質に大きく依存することを論じた。悪い均衡が生じる確率については、債務水準はわずかしか影響することができないが、債務返済の増加に対応してプライマリーバランスを調整する条件付きのルールによって、その確率を大幅に低下させることができることを議論した。

第5章

債務と財政赤字による厚生面のコストとベネフィット

Welfare Costs and Benefits of Debt and Deficits

この章では、抽象的で多少難解な論点、つまり、確実性と不確実性の下において、債務が厚生に及ぼす影響について論じることから始めるが、それは実際に財政政策の論争の中心となるものだ。

第1節（5－1）では、確実性下での債務の厚生面のコストについて検討する。公的債務は、「将来を担保にする」ようなものとして悪者のように扱われることが多い。そのため、公的債務を増加させることは実際には良いことであり（使途を無視して公的債務それ自体だけを見て）厚生を増加させる可能性があるという考え方は直観に反するように感じられるだろう。

本節では、確実性の仮定の下において現時点で判明している答えを考察しよう。その答えは、債務は実際に良いものである可能性があり、確実性下ではその条件がまさに（r－g）＜0である。その答えに向けて2つのステップを踏んでいく。まず、（r－g）＜0であれば、資本蓄積が低下しても厚生が増加することをエドムンド・フェルプス（Phelps 1961）による「黄金律」は導く。そして、（r－g）＜0であれば、債務を発行すると資本蓄積が減少し、現在の世代と将来の世代の両方の厚生が増加することをピーター・ダイアモンド（Diamond 1965）による世代重複モデルが導く。これらは明らかに重要かつ興味深いものだ。しかし、これらは出発点に過ぎない。

大きな問題はやはり不確実性であり、第2節（5－2）で検討しよう。確実性の仮定の下では金利は1つだけとなり、rとgの比較は単純である。しかし、現実には、それぞれのリスクの特徴が異なることを反映して、様々な金利が存在する。現在、安全金利は経済成長率よりも実際に低い。しかし、測定の限りでは、資本の平均限界生産性は経済成長率よりも十分に高いものとなっている。

それでは、どの金利が重要だろうか。これは研究途上だが、最近の研究によってこの問題に対する理解が深まっている。例えば、高貯蓄と資本の過剰蓄積の潜在的な要因として有限な寿命に着目したダイアモンドのモデルでは、安全金利の役割は大きいものの、通常では関連する金利はそれらの2つの金利の組み合わせとなる。データを見ると、その関連する金利と経済成長率はかなり近く、黄金律のどちら側にあるのかを実証的に判断するのは困難である。

また、保険の不在により予備的貯蓄が高水準となり、資本の過剰蓄積につながる可能性があるモデルでは、やはり安全金利の役割が大きい。ただし、その場合、債務も有効ではあるが、資本の過剰蓄積を解消する方法としては、低水準のrの原因に直接作用する社会保険の提供が債務よりも有効だろう。全体を見れば、現在の状況では、公的債務は良くはないかもしれないが、非常に悪い、つまり厚生面のコストが大きいとは考えにくく、(r－g)がマイナスであるほど厚生面のコストは低下するということが慎重に見積もっての結論である。

第3節(5－3)では債務と財政赤字の厚生面のベネフィットに目を向ける。マクロ経済の安定化における財政政策の役割に注目するものであり、例えば金融政策が実効下限制約に拘束される場合における中心的な課題である。総需要に対する債務、政府支出、税(そして、財政赤字)の役割を検討する。債務の増加は資産に影響し、その結果、消費需要に影響する。政府支出の増加は総需要に直接影響し、減税は消費と投資に影響することで総需要を変化させる。乗数、つまり政府支出と税が生産に及ぼす影響については大論争があり、新しい実証研究も数多く見られる。本節では、これまでに得られた知見を論じる。基本的な結論は、乗数は予想される通りの符号を有し、財政政策は実際に総需要に影響を与えるために活用できるというものだ。

第4節（5－4）では債務と財政赤字の厚生面のコストとベネフィットに関する結論をまとめることで、財政政策へのインプリケーションを導く。財政政策には2つの極端なアプローチがあると考えることができる。1つ目は、**純粋財政論**と呼ぼう。債務や財政赤字の役割に注目するものであり、例えば財政政策の変化に対応して金融政策が生産を潜在水準に保つことができることを暗黙に仮定することで、財政政策による需要や生産への影響を考慮しないものだ。このアプローチによって債務が大きすぎるとなれば、財政政策は債務削減に注力することとなる。2つ目のアプローチは、**純粋機能的財政論**（アバ・ラーナー［Lerner 1943］によって与えられた名にちなんでいる）と呼ぼう。金融政策が実効下限制約に拘束される場合のように、生産を潜在水準に維持するために財政政策が果たす潜在的な役割に注目するものだ。

私は、正しい財政政策とはこれらの2つのアプローチの混合だと考えている。そして、どちらのアプローチを重視するかは、中立金利の水準に依存する。中立金利が低いほど、一方では財政面でも厚生面でも債務のコストは低く、他方では金融政策の余地は少ないことから、そのために債務が増加したとしても純粋機能的財政アプローチに焦点を当てて財政赤字を用いて需要を保つべきである。中立金利が高いほど、一方では財政面でも厚生面でも債務のコストは高くなり、他方で金融政策の余地は大きく、財政政策は純粋財政アプローチに焦点を当てるべきであり、債務の水準が高すぎる場合には債務縮小を行うべきものとなる。

本章の締めくくりでは、インフレ目標の役割や、長期停滞が深刻化する場合における総需要増加のための財政赤字に代わる選択肢など、関連する多くの論点を議論する。

5－1　確実性下の債務と厚生

エドムンド・フェルプスは1961年に次のように示した。市場経済では資本の過剰蓄積が生じることがある。資本の過剰蓄積はシンプルな不等式$(r-g)<0$として示される。ここで、rは資本の純限界生産性（フェルプスの研究は不確実性のないモデルの文脈であることから、rは安全金利でもある）である。もしこの条件が成立するならば、資本を減少させることは、実際に厚生を改善することになる。[1]

フェルプスの議論を理解するために、基本的な国民所得の恒等式に戻ろう（政府支出や開放経済においては輸出―輸入を含めることが一般的には必要だが、当面それらを省くことで議論が簡潔に

$$C = Y - I \qquad (5.1)$$

$$I = (\delta + g)K$$

$$C = F(K,.) - (\delta + g)K \qquad (5.2)$$

なる)。生産は消費に投資を加えたものだ。同じことであるが、消費は生産から投資を差し引いたものに等しい。(式(5.1))

生産が潜在生産量に等しく、それ自体は生産関数F(K,.)で与えられ、ドットは労働から技術の状況までの他の生産要素を示すものだとしよう。

経済が均斉成長経路にあり、C、Y、Iがいずれも特定の率gで成長していると仮定する。資本は速度δで減価するとすれば、資本が速度gで成長するためには、投資が資本ストックの減価と成長の両方をカバーする必要がある(上の2番目の式)。

式(5.1)に代入すると、式(5.2)となる。

したがって、資本の追加による消費への影響は、次ページの上の式で与えられる。

金利が資本の純限界生産性に等しいとすると、$r \equiv F_K(K,.) - \delta$であり、次ページの2つ目の式になる。

$$dC/dK = F_K(K,.) - (\delta + g) = (F_K(K,.) - \delta) - g$$

$$dC/dK = r-g$$

成長経路における資本と消費の関係を示したものが**図5-1**である。消費は（r－g）＝0になるまで資本の増加関数である。その資本の水準が資本の黄金律水準と言われる。黄金律以上の資本水準になると（r－g）はマイナスとなり、消費は資本の減少関数となる。直観的には、資本ストックが増加すると減価（交換が必要となるものだ）は資本に対して線形で増加するが、資本の総限界生産性の増加速度はゆっくりになるので資本の純限界生産性はマイナスとなる。生産は増加するが多くが投資に回され、消費に残される量は減少していく。

経済が黄金律の右側にあり、つまりは（r－g）＜0であり、現時点の資本を減少させ、より多くの生産物が消費のために残るとしよう。[2] 不等式が成立し

1 本節と次節の多くの部分で、本節では確実性下での成長理論に、次節では不確実性下の成長理論に依拠している。成長理論は非常に緻密であり、ここはそれを説明する場所ではない。最小限の数学で基本的な結果の直観を与えるように努め、深く掘り下げるために脚注やボックスで多少詳しく説明している。成長理論に知見を有する方へ。すべての変数を有効単位労働で割り、定常状態ですべての変数が一定になるようにすれば、より厳密な表現になるだろう。生産関数の特定や技術進歩の形式の議論に入らないと説明が困難であることもわかった。

2 減価した資本の一部を交換しないことでそれが達成される。

図5-1　資本の関数としての消費、黄金律、動学的非効率性

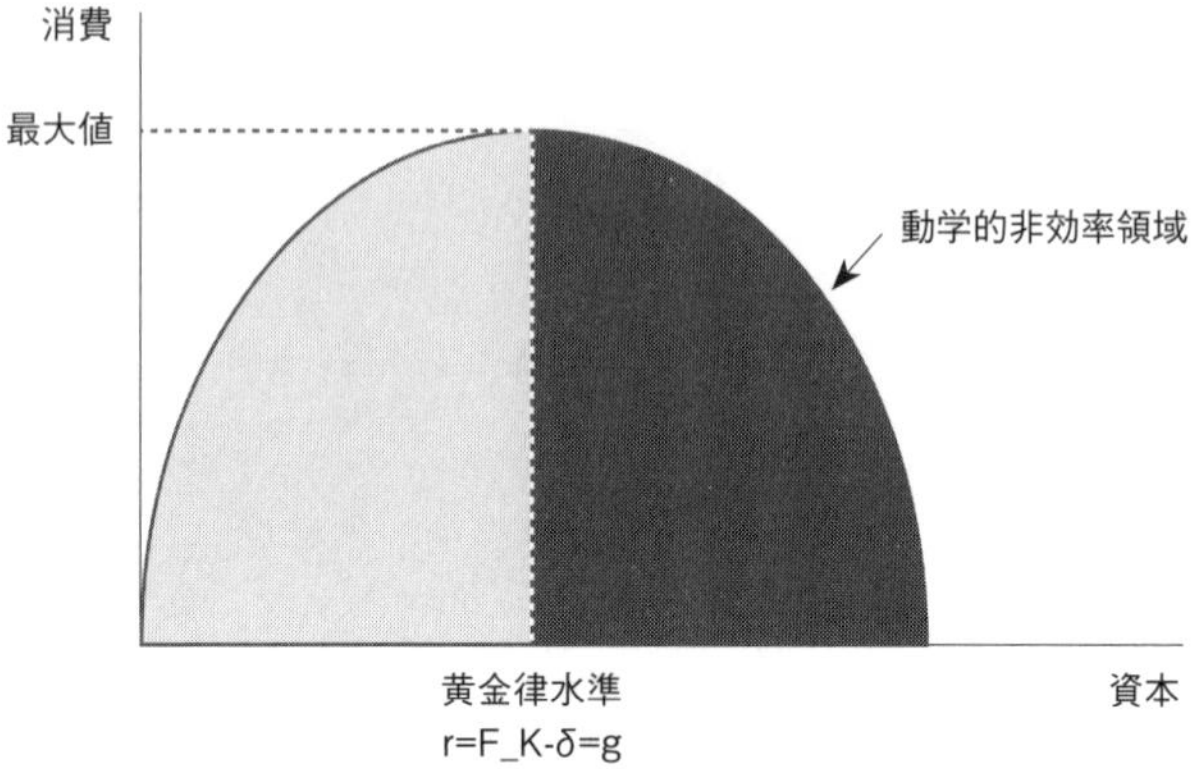

ている限り[3]、現在の消費も将来の消費も増加する。フェルプスの用語を用いれば、経済は**動学的に非効率**である。現在の世代と将来の世代の両方の厚生が改善する。

資本の過剰蓄積は本当に起こり得るのだろうか。その場合、公的債務が助けになる理由はなぜだろうか。

第3章において貯蓄と人口動態を論じる際に我々が用いたものと同じ2期間の世代重複モデルを用いて、ピーター・ダイアモンド（Diamond 1965）が答えを導いた。人々が完全に合理的であり個々に最適な貯蓄の決定を行うとしても、資本の過剰蓄積は実際に起こり得る。その場合、どんな手段であれ貯蓄を縮小することは、分配効果により阻害されない限り、現在と将来のすべての人々の消費と厚生を改善する。世代間移転や公的債務はその役割を果たすことができる。その議論は次の通りだ。

人々は2つの期間を生き、第1期に働き、第2期に退職後の余生を過ごすとしよう。第1期に賃金を受け取り、資本に投資することで貯蓄し（つまり、貯蓄と投資を区別する意思決定が存在しない）、第2期に資本と資本からの収益を消費する。このように、若年者の貯蓄が次期における経済の資本ストックを決定する。

経済が均斉成長経路で成長し、人口成長率（同様に、人口に対する雇用の比率が一定と仮定すれば雇用成長率でもある）nと生産性成長率xの和に等しい率gで、すべての総変数が成長するとしよう。[4][5]

若年者の貯蓄率が成長経路に沿った資本の水準を決定する。このモデルによる最初の結論は、個人の貯蓄の決定は合理的であるが、その決定が $r=(F_K-\delta)>g$ を導く保証はないということだ。$(r-g)$ はマイナスになり得るものであり、資本の過剰蓄積は起こり得る。言い換えると、合理的個人による市場経済は黄金律を外れて動学的に非効率となりうる。

3　資本を減少させると資本の限界生産性が上昇し、金利も上昇する。資本を十分に減少させれば、rはgより大きくなり、不等式の符号が変化する。

4　より正確には、gは $(1+g)=(1+x)(1+n)$ で定義される。xとnが小さいため、積xnは極めて小さく、シンプルにgを2つの和とすることが近似になる。

5　原型となるダイアモンドのモデルには、生産性の成長は存在しない。しかし、この拡張は明快であり、我々の目的にとって役立つ。

第二の結論は、その場合、若年者から高齢者への移転は現在と将来のすべての世代の厚生を改善する。

- 若年者が1単位を貯蓄すると高齢時に$(1+r)$単位を得ることができる。ここで、政府が移転スキームを導入し、それぞれの若年者からDを徴収し、同期間に（1人の高齢者につき$(1+n)$人の若者がいるため）それぞれの高齢者に$(1+n)D$を渡し、Dは時間とともにxの割合で増加するとしよう。これは、若年者の拠出が高齢者への給付の財源となり、一人当たりの退職拠出と給付が時間の経過により生産性とともに増加する賦課方式の退職給付制度と考えることができる。
- 若年時には人々はDの所得を失う。高齢時には、$D(+1)(1+n)=D(1+x)(1+n)=D(1+g)$の所得を受け取る（$D(+1)$は次期の若年者からの個別移転であり、高齢労働者1人に対して$(1+n)$の若年労働者が存在する）。$(r-g)>0$であれば、移転スキームは貯蓄よりも小さく厚生を悪化させる。しかし、$(r-g)<0$であれば、移転スキームは貯蓄よりも魅力的であり各世代の厚生を改善する。この場合、賦課方式はすべての世代を豊かにする。

同様に、債務も多少異なる方法で世代間移転を行う。政府が毎期、一期間の債務を発行し、債務発行額はgの割合で増加するとしよう。債務を購入した若年者は高齢時にD(1+r)を受け取るが、いずれの場合もrが付与されるため、資本投資か債務購入かは無差別である。来期の債務発行額はD(+1)=D(1+g)となる。政府は毎期、債務発行による収入D(1+g)と債務の支払いD(1+r)の差額を手にする。r<gであれば差額D(g−r)はプラスとなって若年者と高齢者に再分配が可能となり、それぞれが豊かになる。

賦課方式にせよ債務方式にせよ、これら2つのスキームには限界が存在する。債務は資本蓄積を減少させ、一般均衡の効果を有する。賃金は減少し、資本の限界生産性と金利は上昇する。金利が経済成長率と等しくなったとき経済は黄金律に到達する。さらに債務が増加すると、(r−g)>0となり、もはや債務は全世代の厚生を改善することはない。初期の高齢者は得をし、その他の世代は損をする。このとき、債務によってベネフィットを得る現在の高齢者と、消費の減少に直面し債務によって負担を被る将来の世代との間のトレードオフを政府は考えなければならない。しかし、この閾値に達するまでは、公的債務によってすべての人々の厚生を改善させる。

これらは重要かつ興味深い、そしておそらくは多くの読者にとって直観に反する結果だろう。最近までは、これらは驚くべき、しかし奇妙な結果と見なされていた。先進国は本当に資本を過剰蓄積しているのか。公的債務は使途とは関係なしに厚生にとって本当に良いことなのか。しかし、rがgより大幅に低いという事実を踏まえれば、これらの疑問をもっと真剣に受け止

図5-2　資本収益率

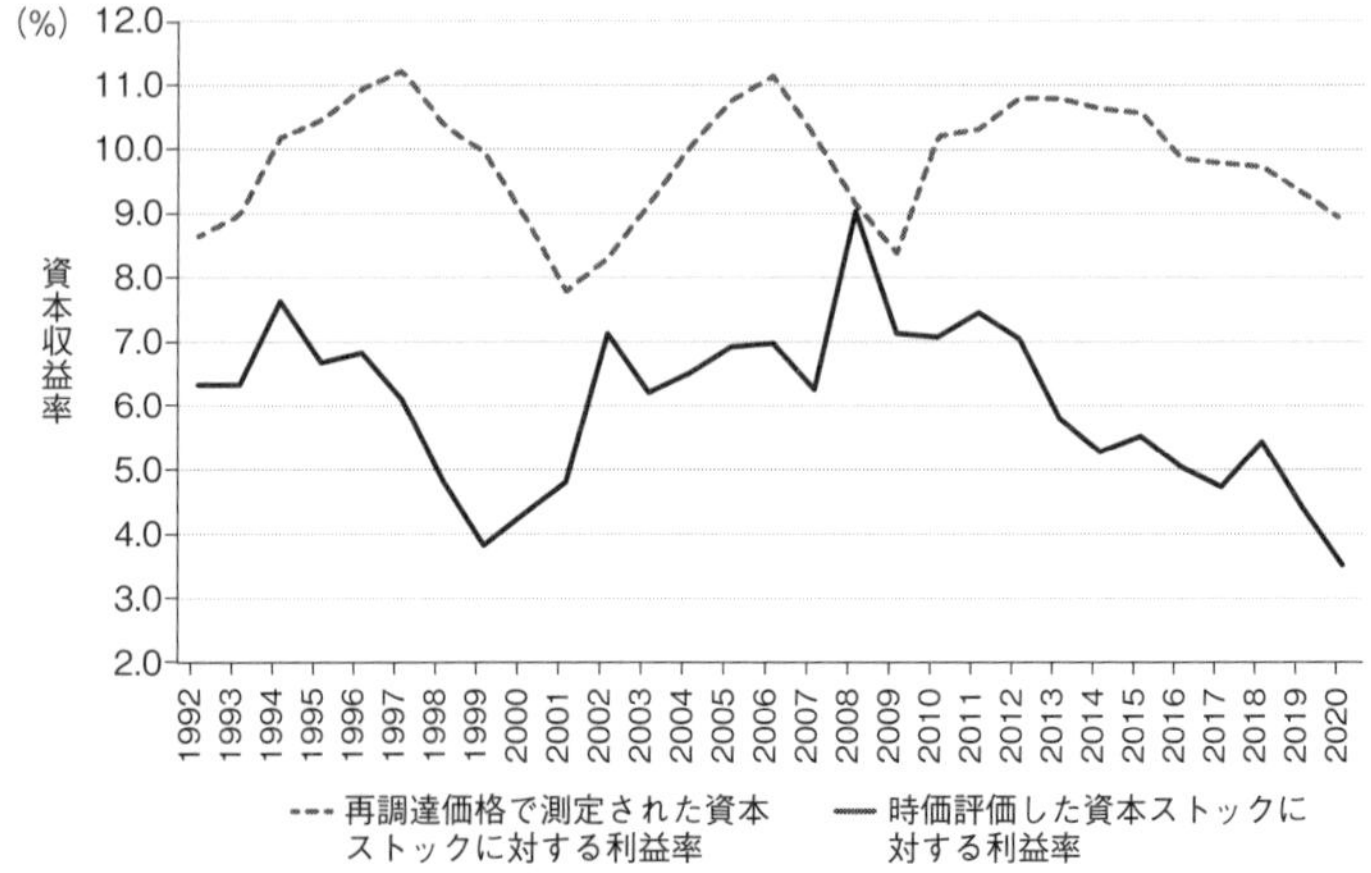

出典：Blanchard（2019b）の図15を2020年まで延長

めるべきだ。完全な答えに至るには、不確実性下へと分析を拡張する必要がある。

5-2 ― 不確実性下の債務と厚生

第1節（5-1）の前提とは異なって、国債の金利から株式の収益率などまで、多くの金利や収益率が存在する不確実性の存在する世界に我々は生きている。

第4章の債務の持続可能性の議論では、関係する金利は政府が借り入れ可能な金利であり、多くの先進国では実質的には安全金利かそれに近い金利であった。しかし、第1節（5-1）における厚生の議論は減価償却を差し引いた資本の限界生産性が重要であることを意味する。そして、資本の平均限界生産性は経済成長率の平均よりも大幅に高いようだ。

図5-2は、米国における資本収益率に関する2つの指標の1992年以降の推移を示している。いずれも分子には収益の同じ指標、つまり、米国の非金融企業の税引き前利益を用いている。[6] 破線は再調達価格で測定された資本ストックに対する利益率を示している。実線は時価評価した資本ストックに対する利益率を示している。いずれが資本の限界生産性の優れた代理指標かは自明ではない。もしレント（超過利潤）がなければ、再調達価格で測定した資本に対する利益率が当然の指標だろう。しかし、企業収益の一部はレントであり、そのレントの価値によって資本の時価評価が再調達価格を上回る可能性があり、その場合は時価評価した資本に対する利益率の方が良いだろう。[7][8][9]

我々の目的のためには、この2つの指標のいずれかを選ぶ必要はない。この図の要点は、いずれの限界生産性に関する指標も実質安全金利（**図3-1**参照）より大幅に高く、さらに重要なことに経済成長率より大幅に高いということである。

ここで明らかな疑問が生まれる。債務の厚生への影響を評価する際、どの金利を選択すべきだろうか。

6　我々の注目するものは資本の収益であり、税引き後の収益ではない。

その答えを得るために、経済成長率gは一定だが、資本の限界生産性F_Kが変動し、資本の限界生産性と生産の両方が成長経路の周辺で変動するというダイアモンド型の経済をもう一度考えよう[10]（175ページの「**移転による厚生への効果**」に基本的な代数を示している）。移転スキームに戻ろう。

- 若年者が一単位を貯蓄すると、次期に（$1+F_K-\delta$）単位を得る。
- ここで、政府がそれぞれの若年者からDを徴収し、それぞれの高齢者に（$1+n$）Dを提供し、Dは時間とともにxの割合で増加するという移転スキームを導入するとしよう。若年時には収入からDを失う。高齢時にはD（$+1$）（$1+n$）$=$D（$1+x$）（$1+n$）$=$D（$1+g$）の所得を手にする。
- 既に見たように、（$F_K-\delta$）の平均値はgより大幅に高く、移転スキームは（これは国債の活用も含めることを暗に含むものだ）若年者の厚生を悪化させるように見える。しかし、これは正しくない。（$F_K-\delta$）はリスクを伴うが、移転はリスクが無い。したがって、資本収益率をリスクに対して調整しなければならない。しかし、リスク調整後の資本収益率は、まさに無リスク金利rである。[11] したがって、比較対象はrとgでなければならない。

このことは驚くべき結論を導く。つまり、不確実性下においても、債務が厚生に及ぼす影響

が正かどうかは無リスク金利と経済成長率の比較に依存し、（r－g）＜0であれば公的債務に

7 Gutierrez and Philippon（2017）は、米国におけるレントの重要性（および、その増加する状況）について論じている。なお、時価評価と再調達価格の比率は、いわゆる「トービンのq」であり、この図はqの期間平均値が1.25であることを意味する。このようにqが一貫して1より大きいということは、資本の平均生産性の約25％に相当するレントが存在することを示唆する。

8 企業が独占力を持つ場合の資本の限界生産性と利益率の関係については、Ball and Mankiw（2021）を参照。彼らは、2つの効果が働いていることを示している。財市場における独占力は、資本と労働のすべての生産要素が、その限界生産性よりも低く支払われることを意味する。したがって、資本への支払いは資本の限界生産性を過小評価することとなる。しかし、独占力はレントも生み、利益率を高める。この2つの効果は反対方向に働くので、利益率が資本の限界生産性を過大評価するのか、過小評価するのか、はっきりしない。

9 Farhi and Gourio（2019）は、実質安全金利の低下や資本収益率の安定性、その他いくつかの定型的な事実を説明するためのモデルを構築し、カリブレーションを行っている。レントの増加やリスクプレミアムの増加が重要なものであると結論付けている。

10 金融摩擦のない世代重複モデルに依拠することで、資本蓄積や将来の生産に対する債務のクラウディングアウト効果に焦点を当てている。これが主な効果であると考えるからだ。金融摩擦が存在する場合の公的債務の潜在的な有用性を強調する研究も存在する。例えば、消費者が借入制約に直面している場合、現在の所得を増加させ、後に所得を減少させる、つまり、税ではなく債務を財源に公共支出を行うことで、借入制約を緩和して消費者の厚生を高めることができる（Woodford 1990）。例えば、投資をしようとする企業が借入れのために良い担保を提供する必要がある場合、公的債務がその役割を果たし、より多くの借入れを可能にできる。このような効果を検討した論文としては、Holmström and Tirole（1998）やFarhi and Tirole（2012）を参照。さらに例を挙げると、公的債務が大きくなれば、市場の流動性、つまり、債券市場の厚みと流動性が高まるだろう。ここでは、それらの意味合いについては検討しない。

11 この場合のように、人々が実際には安全な債務にアクセスできない場合でも、安全資産を保有するために必要な金利を問うことができる。この場合、リスク資産と安全資産のどちらを保有するかは無差別でなければならない。

は厚生面のコストがなく実際に厚生面のベネフィットが存在する。[12][13] この結論は驚くべきものであり超低水準の安全金利に伴う深遠な論点を示しているが、様々な理由から債務が厚生に及ぼす影響に関する議論の最初の段階に過ぎないものだ。[14]

12 このような議論の初期のものとして、Summers(1990)を参照。

13 専門的な注釈。この結論への反例として、Barro(2021)は、無限に生きるが十分にリスク回避的な個人が存在する経済では、安全金利が経済成長率より低い場合でも、経済は動学的に効率的であることを示している。しかし、そのような経済では安全な債務の供給はゼロであり、個人に対して特別な優位性を持たない政府は安全な債務を永続的に発行することはできない。

14 次のポイントは少し専門的で、本書の他の部分に比べて暫定的なものなので、読者は読み飛ばして、結論を知るだけでもよい。経済成長率と比較すべき適切な金利を特定することは難しい。慎重に見積もっての結論としては、厚生の観点からすれば債務は悪いかもしれないがそれほど悪くはないというものだ。

移転による厚生への効果

人々が次の効用関数を持つと仮定する[15]。

$$\max(1-\beta)U(C_1)+\beta E[U(C_2)]$$

C_1は若年時の消費、C_2は高齢時の消費、$E[U(.)]$は期待効用を表す。予算制約式は次のように与えられる。

$$C_1=W-D-K$$

$$C_2=(1+F_K-\delta)K+(1+n)(1+x)D$$

若年時には賃金を受け取り、政府に移転Dを納め、資本にKを投資して貯蓄する。高齢時には、投資による収入と政府からの移転$D(1+n)(1+x)=D(1+g)$を消費する。第1期において、貯蓄の額Kを選択する。Kに関する一次条件は次式で与えられる。

$$-(1-\beta)U'(C_1)+\beta E[(1+F_K-\delta)U'(C_2)]=0$$

移転による効用への効果は、次式で与えられる。

$$X=-(1-\beta)U'(C_1)+\beta(1+g)E[U'(C_2)]$$

若年者の方が高齢者よりも人数が多いこと、また、生産性が高くなることで生産性上昇とともに移転額が増加すること、これら2つを理由として第2期においてより多くの移転を受け取る。そこで、第2項に$(1+g)$が存在する。

1次条件を用いると、Xは次のように書くことができる。

$$X = \beta((1+g)E[U'(C_2)] - E[(1+F_K-\delta)U'(C_2)])$$

無リスク金利（この場合、人々が安全な債券を保有するために求めるシャドー・レート）は、以下の条件を満たす。

$$(1+r)EU'(C_2) = E[(1+F_K-\delta)U'(C_2)]$$

上の式に代入すると

$X = \beta(g-r)E[U'(C_2)]$、そのため、もし$r<g$であれば、
$X>0$となる。

$r<g$の場合、移転（または債務増加）の直接の効果は厚生を増加させることだ。代数は若干異なるが、政府が移転スキームではなく債務を発行する場合でも同様の議論が適用される。

・この議論では、公的債務の間接的な効果は脇に置いておこう。公的債務が発行され若年者のポートフォリオの中で資本が置き換えられると、資本の減少は労働の収益を低下させ資本の収益を上昇させ、よって、厚生に影響を与える。これらの間接的な効果のインプリケーションは複雑であるが、結論としては、一般に、安全金利と資本の平均生産性という双方が重要となる。[16]

私は2019年の論文（Blanchard 2019b）では、コブ・ダグラス型の生産関数を仮定して近似式を導いたが、（原論文では議論しなかった基調的な成長を取り入れると）公的債務が厚生を高める条件は、1/2$(r+E(F_K-\delta))<g$である（ここでE(.)は無条件期待値）。したがって、安全金利と資本の平均限界生産性は同程度重要である。[17]

この近似を額面通りに解釈し、実質安全金利をマイナス0・5％（概ね現時点の物価連動債の10

15 Blanchard（2019b）の分析を簡略化したものだ。

16 専門的な注。原型となる確実性下のダイアモンドのモデルでも同様の間接効果が存在するが、直接効果を補強する。ここではそのようなことはない。

17 安全金利と平均リスク金利の相対的な加重は、生産における労働と資本の代替弾力性に依存する。労働と資本において技術が線形であれば、賃金と限界生産性は資本の水準からは独立であり、間接効果はゼロに等しく、適切な金利は安全金利である。弾力性が低いほど、資本の平均限界生産性の相対的な比重は大きくなる。1単位の代替弾力性を意味するコブ・ダグラスの仮定は、実証的に合理的な仮定と見なされることが多い。

年実質金利と同じもの）、実質資本収益率の平均を5・5％（時価に対する利益率で測定した1992年以降の株式収益率の概ねの平均）とすると、$1/2(r+E(F_K-\delta))$＝2・5％となり今後10年間の実質経済成長率予測の2％と近い数値である。この概算によると、資本の置き換えによって債務が厚生に与える影響はおそらくゼロに近いと考えられる。[18]

・この議論では、安全金利と資本の期待収益率の差は、投資家のリスク回避の度合いと資本に関連する総リスクの度合いの双方に基づいた投資家の合理的な意思決定を反映していると仮定している。しかし、これが成り立つかは大きな論争がある。この問題は、エクイティ・プレミアム・パズルとして知られている。[19]

　このパズルは、総収益の観測される変動は限定的であることから、エクイティ・プレミアムの大きさを説明するには、考えがたいほど高いリスク回避度が必要となるというものだ。**図5-2**はこのパズルの一例であり、1992年以降、資本（再調達価格または時価）に対する収益率は安全金利を下回ることがない。来期の限界生産物に対する権利を有する投資家は、安全資産を持つ場合よりも各年において高い収益を得ることができた。様々な説明が試みられてきた。ロバート・バローは、ほとんど発生しない、したがってほとんど観察されないマクロ経済上の災害がプレミアムを説明するだろうと論じる（Barro and Ursua 2011）。そうであれば、パズルは存在せず、ショックについての分布の裾野が厚いファットテール分布が存在するだけだ。また、近視眼的なリスク回避など行動経済学的な説明もある（Benartzi and Thaler 1995）が、そうであれば、その議論が選好や行動と一貫するかどうかも確認しなければならないだろう（私はその分析を行っていない）。

- エクイティ・プレミアムの背後に存在するものを評価することが困難であることから、アンドリュー・エーベルら（Abel et al. 1989）は、エクイティ・プレミアムに依存しない非常に直観的な動学的非効率性の十分条件を導き出した。毎年、総利益が総投資額を上回り、ネットキャッシュフローがプラスであれば、資本の過剰蓄積がないことを確信してよいというものだ。彼らはこの基準を主要先進6カ国に適用し、彼らが調査した期間（米国は1953年以降、その他の国は1960年以降）のすべての年において、この条件がすべての国で満たされていると結論づけた。しかし、このアプローチはフランソワ・ギロルフ（Geerolf 2018）によって再検討され、総利益から地代や起業による所得を除くと、実際にはどの先進国も

18 Martin Hellwig（2021）は、賃金や資本収益率への間接効果を打ち消すための公的債務と税の組み合わせは、直接効果のみを考慮し安全金利のみを含む上記の条件、つまりr<gの場合、厚生を増加させることを示した。これは重要な理論的結果であるが、このような税制が実際には実施されていないことを考えると、債務の厚生効果を考える上での実証的な重要性は限られたものだ。

19 基本的な文献はMehra and Prescott（1985）である。エクイティ・プレミアムとは、安全金利と株式収益率の差のことであるが、安全金利と資本全体の期待収益率の差と直接的に関係する。

十分条件を満たさず、したがって資本の過剰蓄積の問題は未解決のままであると論じている。[20]

・この問題を議論するために用いた世代重複モデルは金融摩擦を含んでいない。しかし、実際にはこのような摩擦が存在しており、個々人は集合的なリスクよりもはるかに大きなリスクに直面している。そして、完全には保険をかけることができない重大な個別のショックに直面している。この場合、予備的な行動によって貯蓄を増加させ、中立安全金利が低下してエクイティ・プレミアムを増加させる可能性がある。

この場合では、厚生を高めるために公的債務を増加させる意義を否定するものではないだろうが、公的債務は最適な手段ではない。より優れた社会保険の提供を通じて保険市場の欠落という問題に直接対処する方が、より良い方法だ。マクロ的に見れば（つまり、社会保険の充実がそれ自体で厚生を改善する可能性が高いという事実を置いておいても）、例えば「メディケア・フォー・オール」（米国の公的な国民皆保険制度に関する提案）は、それが完全に自己完結する資金で行われたとしても、高債務よりも良いものだろう。この点は、後に実際の政策選択を議論する際に重要となる視点だ。[21]

要するに、$(r-g)<0$はリスク調整後の資本収益率が驚くほどに低いという強力なシグナルであり、資本ストックの減少に伴う公的債務の厚生面のコストも低いということだ。次節で

は潜在的な厚生面のベネフィットに議論を移そう。

5-3　財政政策、実効下限制約、生産安定化

金融政策が制約されていない場合であっても、財政政策は景気変動の抑制に役立つことができる。実際、生産が低迷するときに需要刺激のために税収の減少や移転の増加を許容する自動安定化装置（automatic stabilizers）を機能させる長い伝統がある。それらが需要や生産に影響を与える際に、金融政策よりも素早く作用するという主張だ[22]。しかし、名目政策金利が実効下限制約にある場合、または、名目政策金利がプラスであっても大きな負のショックを相殺するため

20　同様の結論に達した他の論文としてLuo, Kinugasa, and Kajitani（2020）がある。この論文は、さらに劇的な結論、すなわち、中国の利益率は投資率よりも低く、したがって資本の過剰蓄積を被っている可能性があるという。

21　金融摩擦や個別ショックに対する保険市場を欠くもの（Aiyagari 1994に描かれている）は、公的債務の役割を考える上で世代重複モデルに代わるものであり、また、それを補う魅力的な形式化だ。Kocherlakota（2021）は、このようなモデルでは、安全金利rがgより小さくなる可能性があり、そうであれば、公的債務が厚生を改善することを示している。密接に関連する取り扱いとしてAguiar, Amador and Arellano（2021）も参照。同様に、Brumm et al.（2021）は、個別ショックを含むエレガントな2期間モデルを構築している。このモデルでは、政府が公的債務を発行するよりも、優れた保険を提供することがファーストベストの政策であるが、そのモデルでも、（ある程度の）公的債務の増加は厚生を改善する。

に金融政策を活用できるほど金利が高くない場合には、財政政策を活用する理由はより強力なものとなる。

そこで問題は、財政政策が総需要、ひいては生産に影響を与えるかどうか、またどのように影響を与えるかである。[23]

3つの経路を区別しなければならない。債務それ自体の効果、税や移転の効果、そして、政府支出の効果である。債務を保有する人々にとっては、公的債務は資産の一部であり消費に影響を与える。現在から将来の税もまた消費や投資に影響を与える。そして、現在の政府支出は需要に直接の影響を与える。

本書で用いてきた2期間世代重複モデルでは、これらの3つの影響は明らかなものだ。若年者の消費は今期の税と予想される来期の税に依存する。高齢者の消費は高齢時の資産、つまり債務の保有残高と高齢時の税に依存する。政府支出は需要に直接影響する。より現実的なモデルでは効果はもっと複雑だ。[24]

- 債務それ自体は所有者にとっては資産だが、将来の税が予想されることで、その一部が相殺されるかもしれない。実際に、無限に生きる合理的でフォワード・ルッキングな個人（将来のイベントを合理的に予見してそれを元に経済行動を決定する個人）という極端なケースで

は、どのような政府支出であれ、債務の増加は税の予想現在価値の増加によって完全に相

22 実際には、自動安定化装置は税や移転の構造に由来する意図せざる結果であった。例えば、平均税率が高いほど、または累進的な税制や移転制度ほど、自動安定化装置は強力なものとなる。例えば、Maravalle and Rawdanowicz（2020）による経済協力開発機構（OECD）の論文によれば、生産が1%低下すると、ベルギーでは財政赤字が国内総生産（GDP）の0・65%増加（黒字でスタートした場合は財政黒字が減少）するが、韓国ではたったの0・38%の増加であることがわかっている。つまり、ベルギーでは韓国よりも2倍近く自動安定化装置が強力なものである。これらの自動安定化装置は改善可能であり、また改善すべきであると一般的に合意されている（Blanchard and Summers 2020; Boushey, Nunn, and Shambaugh 2019）。

23 私が財政政策の効果をケインジアンまたはニューケインジアンの枠組みで考えていることは明らかだろう。財政政策は総需要と生産に影響を与え、その結果生じる需給ギャップ（生産と潜在生産量の差）の変化がインフレに影響を与えると考える。債務ダイナミクスとインフレに対するもう1つのアプローチは、いわゆる「物価水準の財政理論（FTPL: fiscal theory of the price level）」である。この理論は、物価水準を資産価格とみなし、債務ダイナミクスの式を用いて、名目債務の実質価値がプライマリーバランスの現在価値と等しくなる値として物価水準を決定するものだ。将来のプライマリーバランスの黒字が少なければ物価水準は上昇し、現在の債務の実質価値は低下する。このテーマで本を執筆したJohn Cochraneと刺激的な知的交流があったが、私はこの理論の根底にある最初の仮定、そして理論そのものに懐疑的であり続けている。ハイパーインフレの場合を除いて、物価水準は資産価格としてではなく、何十億もの概ね後ろ向きの意思決定の集合体として動いており、将来のプライマリーバランスへの予想は現在の物価水準にほとんど影響を与えないと私は考えている。インフレが非常に高いときだけ、物価水準は現在と将来の財政政策に対する予想を反映する。$r<g$のとき、将来のプライマリーバランスの割引現在価値は無限大となり、債務をプライマリーバランスの現在割引価値と解釈することはできなくなる。この場合、物価水準の財政理論が何を示唆するかは、John Cochrane（2022）の6-4で論じられている。

24 Blanchard（1985）では、個人が有限期間を生きるモデルに基づき、債務、税、支出の総需要と中立金利に対するそれぞれの影響を示す、より一般的なインデックスを構築した。

殺されるため消費に影響を与えない。これは**リカードの等価定理**（Ricardian equivalence）として知られる。しかし、一般に、有限の生存期間や近視眼的な性質のため、相殺幅は一対一対応よりも大幅に小さなものとなるだろう。また、これまで見てきたように、$r < g$ の場合には債務の増加は必ずしも後の増税を意味しない。

- 減税それ自体は所得を増加させる。減税が将来も継続すると予想されるとき、その効果はさらに大きいものとなる。反対に、将来的に逆転が生じて増税が実施されることが予想される場合、その効果は小さくなるだろう。実際に、無限に生きる合理的でフォワード・ルッキングな個人という同様の想定では、現在と将来の政府支出に変化がないとすると、現在の減税の効果は将来の増税の予想で完全に相殺され消費に影響を与えない。リカードの等価定理を異なる言い方で表現したものだ。この場合も、一般に相殺は一対一対応より大幅に小さなものとなるだろう。多くの家計は将来の税金について考えていないかもしれない。また、多くの家計は流動性制約に直面しており、将来の増税を予想しても減税を活用して消費を増加させるかもしれない。要するに、減税は消費を増加させるだろう。
- 政府支出の増加は、それ自体で機械的に総需要を増加させる。しかし、それが将来の増税を予想させるものである限り、直接の効果は消費の減少によって一部相殺されるだろう。この場合も相殺は限定的であり、政府支出の増加は総需要を増加させるだろう。
- これらは第一段階の効果に過ぎず、それらに伴って一般均衡の効果がもたらされる。教科書的な例はケインズの乗数効果であり、所得に対する減税という当初の効果が需要の拡大をもたらし、それが生産の増加につながり、さらに所得の増加をもたらすものだ。その効果は流動性制約下にある家計の多寡や経済の開放度などの多くの要因に依存する。主要な要因、そして、ここでの議論に最も関係するものは金融政策のスタンスである。生産が既に潜在水準にあるときに財政拡張が行われた場合、金融政策は引き締めに動き、金利が上昇し、生産への効果は小さくなるか存在しないこととなるだろう。現在のように実効下限制約によって金融政策が拘束されている状況で緊縮財政を実施すると、生産への悪影響が大きくなるだろう。

このように、債務、税、支出の効果は、金融政策に加えて予想にも大きく依存し、空間的・時間的に大きく変化する可能性がある。「唯一無二」の乗数は存在しない。興味深いことに、世界金融危機後に実施された財政再建に加えて金融政策に対する実効下限制約により、ヴァレリー・レイミー（Ramey 2019）によって財政政策の効果に関する実証研究のルネサンスと呼ばれるものが生まれている。以下が、その主な結論だ。

- 公的債務の増加は、どの程度総需要を増加させ、ひいては中立金利r*を上昇させるのか。（中立金利とは、総需要が潜在生産量と等しくなるような金利であることを思い出そう。そのため総需要が強いほど中立金利は高い）。これは、r*、そしてrがgより高くなり、r＞gという伝統的な環境に戻るまでに政府がどの程度債務を増加できるかを決定するものであり、中心的な問題だ。

しかし、この問いに答えることは2つの理由から困難である。

まず、将来の税の予想によって債務の効果が部分的に相殺される度合いは時間や場所によって異なるだろう。例えば、これまで見てきたように、（r－g）＜0の環境では債務が高水準でも将来の増税を意味せず、その結果、資産に一対一の影響を与えるかもしれない。また、債務の変動は緩やかであり、短期的には他の多くの要因の方が重要であるため、債務それ自体が総需要ひいては中立金利に与える影響を実証的に検出することは困難である。

債務がr*に与える影響については、カリブレーションモデルに基づくもの、回帰分析に基づくものなど、様々な推定が行われている。それらはラヘルとサマーズ（Rachel and Summers 2019）にまとめられており、債務のGDP比率が1％上昇すると2から4ベーシスポイントの範囲で上昇する。ラヘルとサマーズは、1990年代初頭以降に債務比率が約60％増加したことで、中立金利が1・2％から2・4％上昇したと述べる。逆に言えば、債務比率が上昇していなければ現時点の中立金利はさらに1・2％から2・4％低かったこととなり、さらに深いマイナスの水準となっていた。[25] 過去ではなく将来に目を向けると、例えば債務がGDP比で50％増加すればr^*は1％から2％上昇し、符号は変化しないだろうが、rとgの差は大幅に縮小する。

・我々の目的に関連して、税と支出の乗数に関する最近の研究から得られた追加的な結論は、以下の通りである。[26][27][28]

時系列手法（典型的には、VARと呼ばれる構造的ベクトル自己回帰）とモデルシミュレーション（通常は、DSGEと呼ばれるニューケインジアン動学的確率的一般均衡モデル）の双方に基づいて推定された乗数の多くは、予想される通りの符号を有する。（外生的であると推定される）増税

---

25 先ほど説明した理由から、これは幅を持って見る必要がある。しかし、次の簡易計算を踏まえればもっともらしいものだろう。資産からの消費の限界性向が4％であり、将来予想される税で一部相殺されるため、債務のうち$\alpha \leq 1$だけが純資産であると仮定する。まず、αが1であり、債務が完全に純資産であるとする。そうすると、債務が50％増加した場合の消費、ひいては需要に対する直接的な効果は2％となる。代わりにαが1/2とすると、直接効果は1％となる。金利に対する総需要の弾力性が概ね1であれば、中立金利は1％から2％上昇することになる。

26 Ramey（2019）は近年の実証研究の優れた要約を提供する。

27 政策論議は財政赤字という観点から行われることが多いが、税と支出の乗数が互いに異なる限り、財政赤字の規模だけでなくその構成も重要だ。

28 乗数は論文によって定義が異なるため、比較は困難だ。Rameyは、元となる研究に基づいて、GDPの時間的変化の割引または割引前の合計と、財政措置の外生的変化の対応する合計との比率として計算することを可能な限り試みている。

は生産を縮小させ、(外生的であると推定される)支出の減少は生産を縮小させる。[29]

驚くべきことに、多くの実証研究で支出乗数よりも税の乗数の方が大きいことが判明している。レイミーのサーベイでは支出乗数は0・6から1・0だ。[30] しかし、税の乗数はマイナス1・0からマイナス5・0までと、(絶対値で)通常はるかに大きい。これは驚くべき数値であり、その理由は教科書的なケインジアンモデルでは逆であるからだ。第一段階では税は消費を通じて需要に影響を与えるため一対一より小さく、一方、支出は需要に直接影響を与える。このことから税の乗数は支出乗数よりも小さくなるはずだが、実際はそうではないようだ。予想の調整の違い、金融政策の反応の違い、あるいはその他の理由によるものだろう。

実効下限制約と高水準の債務という現在の状況に直接関係するものを考えよう。金融政策の反応が限定的である場合、乗数はより大きくなるだろう(Leigh et al. 2010)。また、債務が高水準であると乗数は小さくなるだろう。将来の増税や、債務が持続不可能になる可能性を懸念するためだろう。

要約しよう。

財政政策は、生産を潜在水準に維持するために中心的な役割を果たすことができる。債務の増加は総需要を増加させる。減税や支出増も有効だ。乗数は時間や空間によって大きく異なるが、乗数はゼロではなく、支出の乗数はプラス、税の乗数はマイナスであり、金融政策が財政政策に対して反応しない、または、反応できない場合に乗数が大きくなることが、多くのエビデンスから判明している。

5-4 ― 議論をまとめる

実質金利は低く、債務比率は高い。この経済環境で、本書で展開した議論は財政政策の設計について何を意味するだろうか。答えの様々な部分をまとめてみよう。

これまで我々が見てきたものは、中立金利が低いほど債務の財政面のコストは低下し、債務ダイナミクスは好ましいものとなることだ。実際に、r*ひいてはrがgより小さくなると、政府は債務比率を一定に保ちながら、(ある程度の)プライマリーバランスの赤字を計上することができる。

中立金利が低いほど債務の厚生面のコストは低下する。中立金利が十分に低い場合、債務が厚生を改善する可能性すらあるが、その金利水準を正確に特定することは困難である。妥当な

29 誰もが納得しているわけではない。例えば、Robert Barroが"Government spending is no free lunch,"(*Wall Street Journal*, January 22, 2009)で述べたように、乗数はゼロで財政政策は有用ではないという見解もある。

30 支出が投資支出である限り、総需要だけではなく総供給にも影響する。したがって、長期的な効果を有するだろう。しかし、時系列手法では検出が困難だ。

作業仮説としては、中立金利は実際に低いが、限定的ではあるものの債務には厚生面のコストがあるというものだろう。

中立金利が低いほど金融政策が生産を安定化させる余地は限定的となる。特に、実効下限制約を踏まえれば、中央銀行が達成できる最も低い実質金利であるr_{min}よりもr^*が低くなると、金融政策はもはや生産を潜在水準に維持することができない。財政赤字という形で財政による支援が必要だ。実効下限制約が厳格に拘束していない場合でも、r^*がr_{min}に近いほど金融政策が負のショックに対応できる余地が少なくなり、より多くの財政の支援が必要になるかもしれない。

これらの命題をまとめよう。中立金利が低いほど、財政面・厚生面のコストは小さく、債務・財政赤字の厚生面のベネフィットは大きい。

もう一歩踏み込んでみると、財政政策には2つの極端なアプローチがあると考えるのが有用だ。

- **純粋財政アプローチ（pure public finance approach）** 税の歪みを平準化するため、あるいは世代を超えた所得の再配分を行うために債務を活用することに焦点を当て、政策による総需要や生産への効果を考慮しないものだ。現在の債務の水準はこのアプローチから示唆されるものよりも大きいと広く信じられている。そうであれば、このアプローチの下では、債務は時間とともに縮小し、政府はプライマリーバランスの黒字を計上しなければならない。

・**純粋機能的財政アプローチ（pure functional finance approach）**　アバ・ラーナーによって1943年に導入された用語を使用しよう。これは、財政政策のマクロ経済の安定化の役割に焦点を当て、政策が債務に及ぼす効果を考慮しないものだ。このアプローチの下では、総需要が低迷し金融政策が制約される場合には政府は躊躇せずに総需要と生産を維持し、プライマリーバランスの赤字を計上しなければならない。[31]

そこで、適切な財政政策は純粋財政アプローチと純粋機能的財政アプローチの加重平均であると考えることができる。中立金利が非常に低い場合には純粋機能的財政アプローチとマクロ経済の安定化に多くのウェートを置き、中立金利が非常に高い場合には純粋財政アプローチと債務削減に多くのウェートを置くものだ。

・一定の所与の財政スタンスにおいて民間需要が非常に弱いことを反映して総需要が非常に

31　何度も議論したが、現代貨幣理論（MMT：Modern Monetary Theory）がどのようなものであるか正確に理解することは困難だった。マクロ経済安定化のために、金融政策ではなく財政政策を用いるべきだというのが、その主な考え方の1つであると私は解釈している。そうであれば、中立金利が非常に低く金融政策を用いることができない場合には同じ見解となるが、中立金利が高い場合にはそうではない。

低迷しているという状況からスタートしよう。その結果、中立金利は低く、実効下限制約により中央銀行が達成できる金利よりも低いとしよう。r^*はr_{min}よりも小さく、したがって、$r=r_{min}>r^*$だ。金融政策が中立金利に見合うほど金利を低く設定できないため、生産は潜在水準よりも低いものとなる。そのため、マクロ経済の安定化、そして、財政赤字を拡大させて生産を潜在水準に回復させることを優先しなければならない。

財政赤字をどの程度拡大すべきか。

最低限でも、r^*をr_{min}の水準に回復するのに十分なものとすべきだ。それにより生産が潜在水準に回復し、$r=r_{min}=r^*$のように、中央銀行は政策金利を中立金利とちょうど同じ水準に設定することができる。しかし、これでは実効下限制約が依然として厳格に拘束するため、金融政策がさらなる負のショックに対応する余地が存在しない。したがって、財政政策がすべきことは、金融政策にある程度の余地をもたらすため、r^*をより高い値、例えば$r^*=r_{min}+x$とすることを目指すことだ。xをどの程度の大きさとすべきかは、金融政策の余地を生み出すことと債務のコストの増加との間のトレードオフに依存する。

その実施形態としては、様々な形が考えられる。政府が主導し、財政赤字の規模を選択することができる。それにより経済の過熱が生じ、r^*に沿って中央銀行がrを引き上げることで対応する。または、政府が需要を拡大しつつ、中央銀行が金利を引き上げることで望ましい中立金利r^*の値で潜在生産量を達成できるよう、財政拡張・金融引き締めの協調という形を取ることもできる。

財政政策に関して明らかに誤っているものは、この文脈で純粋財政アプローチを優先し、債務を減少させるために財政再建に取り組むことである。金融政策が実効下限制約によって拘束されているという前提を踏まえれば、この場合では財政再建は生産の縮小につながる。生産の縮小による厚生面のコストは大きく、債務の縮小による厚生の増加はわずかである（この点については、第6章で世界金融危機後の緊縮財政への移行を議論する際に詳しく説明しよう）。195ページの「**実効下限制約が拘束する状況下における緊縮財政による債務と生産への影響**」は、そのような政策が実際に採用された場合、債務と生産がどのような結果となるかを説明するものだ。重要なインプリケーションがある。そのような政策が採用される場合、$r_{min}+x$より低い金利とはならないはずだ。つまり、財政政策は中立金利の下限を設定し、中立金利が$r_{min}+x$を下回れば財政赤字を拡大する用意があることになる。

• 民間需要が強くなると仮定しよう。財政政策はどのように調整すべきか。

上記と同様の論理で考えると、民間需要が強くなれば、政策調整は金融政策の余地をある程度拡大しつつ、同時に財政赤字をある程度削減する形をとるべきだ。つまり、民間需要の増加は財政赤字の縮小によって部分的に相殺され、民間需要の増加分よりも総需要の増加分が小さくなる。そして、この総需要の純増分は、需要と生産を潜在水準に維持するために、金融引き締め、つまり政策金利の引き上げによって相殺されるべきものだ。その結果、財政赤字は縮小し、中立金利は上昇し、金融政策の余地は拡大するはずだ。ここでも、財政と金融の引き締めの実施には、財政政策が主導し金融政策は経済の過熱を防ぎ生産を潜在水準に維持するために反応する形と、民間需要の変動に反応して両者が協調する形がありうる（財政政策と金融政策の協調に関するもう1つの問題、つまり、統合政府の債務の平均残存期間に影響を与える協調した意思決定については、197ページの「**量的緩和と国債管理政策の綱引き**」において説明している）。

民間需要がさらに増加すると、金融政策の余地の拡大による限界利益は縮小し、債務の限界費用が増加する。このことは、財政による民間需要の相殺の意義が強くなることを意味する。実際、民間需要が非常に強くなり、金融政策に財政再建を含む多くの負のショックを相殺する十分な余地がある場合、政府は純粋財政アプローチに焦点を当て、マクロ経済の安定化については金融政策に完全に委任し、時間をかけて債務を縮小するために黒字を適切に計上することができる。

実効下限制約が拘束する状況下における緊縮財政による債務と生産への影響

金融政策が政策金利を引き下げられない状況下における財政再建による債務比率への影響と生産への影響の間のトレードオフを、次の定量的な例で説明しよう。

- 債務比率が100%、(r−g)/(1+g)が−3%、プライマリーバランスの赤字が当初3%であるとしよう。その場合、債務比率は一定となる。
- 債務比率を低下させるために、GDP比で1%の増税を行うとしよう。実効下限制約を踏まえれば、需要の縮小を中央銀行が相殺することはできない。小さい乗数の値を用いて1.0とすると(第3節で示したエビデンスからすると、これは下限であり、より大きな値を用いると結論が強まる)、その結果、増税により生産が1%縮小する。
- 自動安定化装置の値を0.5とすると、GDPが1%減少した場合の影響はGDPの0.5%の減収となり、純増税、つまりプライマリーバランスの改善はGDPの0.5%となる。
- この増税を 5年間継続して維持するとしよう。5年後には債務比率は100%から約97.5%に低下している。債務が巨大過ぎる故に多大な金利リスクにさらされることを懸念していたのであれば、この長期間の緊縮財政と生産の低下にも関わらず、将来の金利上昇時(例えば3%としよう)の金利負担の低下はあまり存在しないことに注目しよう。GDP比率での債務返済は3%ではなく2.92 %増加する。同時に、5年間にわたって生産が1%低下し、それに伴って失業率が上昇することによる厚生面のコストは巨大なものだ。
- このトレードオフは、第3節(5−3)で確認した大きめの乗数を用しかしながら、この2つの行動の間にある緊張関係は明白だ。財務省＋中央銀行という統合政府の債務を考えてみると、財務省の行動は満期を長期化し、中央銀行の行動は満期を短期化するものだ。しかし、民間投資家が保有する債券の満期という観点から見ると、正味のところ、ほとんど同じ結果になる。

例えば、米国の金融危機の際に生じたことを見てみよう。2007年12月から2014年7月までの間に、連邦政府の債務の満期は3.9年から4.6年へと伸びた。しかし、民間投資家が保有する統合政府債務（したがって、満期がゼロで利子を支払う中央銀行準備預金を含む）の満期は、実際には4.1年から3.8年へと短縮された（Greenwood et al. 2014）。

これはほとんど水物であり、2つの相殺される無駄なオペレーションだったのだろうか。完全にそうとは言えない。なぜならば、両オペレーションの結果、統合政府の債務は、利子を支払う中央銀行準備預金の割合が大きくなり、国債とは対照的に中央銀行準備預金は売り浴びせることはできないため、債務が売り浴びせられるリスクは減少したからだ。それでも、このようなオペレーションの結果、政府が望む以上の金利リスクにさらに晒されるようになったことは事実である。

今後の課題は二面的である。総需要が増加すれば、中央銀行は量的緩和を段階的に縮小し、財務省に国債の満期の管理を任せるべきだろうか。実際、r*の値を上昇させるという選択は、中央銀行が金利政策に一層頼って量的緩和をより早期に段階的に終了させて財務省に債務管理を任せることで、協調の必要性を避けるものと見ることもできる。それでは、政策金利が再びプラスに転じても、中央銀行が量的緩和に頼り巨大なバランスシートを保持し続けることを決めた場合、財務省との協調をどのように行うべきだろうか。[33]

いれば、さらに悪化するだろう。また、履歴効果が働く場合、生産が潜在水準を長期間下回るようになれば潜在生産量の低下につながるため、さらに事態は悪化するだろう[32]。実際、トレードオフは全く存在しないかもしれない。履歴効果が非常に強いことで緊縮財政は債務縮小よりも生産縮小の効果が大きく、したがって債務比率を恒久的に上昇させるかもしれない。自然失業率を超える失業が長期間続くと政治的な不安が生じ、ポピュリスト政権が選出されるリスクがあるため、経済的な影響を超えた悪影響も起こり得る。

- もし生産にほとんどコストをかけずに即座に債務を50%まで減少させることができるのであれば、金利上昇時に大きな違いをもたらすことは明らかだ。しかし、それは現実的に達成可能ではない。債務の帳消しも不可能であり、また、第4章で見たように単に現在必要ない手段だ。

量的緩和と国債管理政策の綱引き

財政政策と金融政策の協調という基本的な論点の他に、外部投資家が保有する国債の平均残存期間を決定する上でも協調の論点が存在する。過去に金利が低下した際、公的債務は低金利を固定化し、短期金利が急激に上昇した場合の利払いリスクを低減するために、公的債務の平均残存年限を長期化してきた。並行して、中央銀行が政策金利の実効下限制約に直面し、それ以上金利を引き下げられなくなり、国債（に加えて他の証券）の買い入れ、いわゆる量的緩和を開始し、長期の債券の金利を引き下げようとした。その際、長期の満期の国債を購入し、その代わりに利子を支払う満期ゼロの中央銀行準備預金を発行した。

この政策の特徴付けは第一段階でしかないことは明白だ。原則は明確だが、これらの提案を実践に移すためには、さらなる形式化と定量的な研究が必要だ。[34] また、それにより多くの論点も提起されており、これから触れていこう。

財政政策は実際に機能するのか。乗数の再検討

債務比率が既に高水準にあるときに財政赤字が債務比率の上昇につながるのであれば、財政赤字は総需要に対して望ましい効果をもたらさないのではないだろうか。[35] 乗数が適切な符号を示すと確信できるだろうか。現在の状況において、財政の拡大は景気収縮的であり、財政の縮小は景気拡張的なのだろうか。世界金融危機の後、**景気拡張的な緊縮財政**の主張として一部で行われたこの議論は、政府が債務を持続可能とすることにコミットすることで投資家を安心させ、投資家の信頼の高まりがスプレッドを大幅に縮小させ、政府のみならず民間部門の金利の低下をもたらし、それらが総需要の拡大につながるというものであった。[36]

この議論は頭から否定することはできない上に、歴史上、この信頼効果が機能したと思われる事例も実際に存在する。[37] 2009年と2010年にこの効果が部分的に機能していたとしても十分なものではなく、この時期の緊縮財政は明らかに景気収縮的だったと現在では広く認められている[38]（このエピソードについては第6章で詳しく述べる）。現在の状況では、すぐにまたこの論点も話題に上るだろうが妥当ではないと私は考えている。スプレッドは既に非常に低く（投

資家が債務の持続可能性を心配していない）、縮小する余地はあまりない。

インフレ目標とは何か

実効下限制約（実質金利ではなく名目金利が制約される）にある実質安全金利の値 r_{min} は、予想インフレ率に一対一で対応するものだ。予想インフレ率が高いほど、実効下限制約における実質安全金利の値は低くなり、その結果、財政赤字によって生産を維持する必要性は低い。このことは、適切なインフレ目標に関する古くからの論点を提起している。

最適なインフレ率の論点は長い間議論されてきたが、その財政政策への含意、すなわち、実効下限制約が拘束するときに財政赤字を計上する必要性は通常考慮されてこなかった。高めの

---

32 Delong and Summers（2012）を参照。
33 さらなる議論として、Masuch（2021）を参照。
34 関連して、財政政策の設計や長期停滞・実効下限制約の影響に関する分析的アプローチについては、Mian, Straub, and Sufi（2021a）を参照。
35 プライマリーバランスの赤字が大きすぎなければ、債務比率は安定、あるいは低下する可能性があることを思い出そう。しかし、大規模なプライマリーバランスの赤字を必要とするほど民間需要が落ち込んでいる場合、超低金利であっても債務比率が上昇する可能性がある。
36 例えば、Alesina and Ardagna（2009）を参照。
37 Giavazzi and Pagano（1990）とそれに対するBlanchard（1990）の議論を参照。
38 例えば、Blanchard and Leigh（2013）を参照。

インフレ率は望ましいものであり、金融政策でrをしばらくr^*以下に抑えながら財政を強力に拡大することで経済に過熱感を出し、インフレ率を現在の目標以上に上昇させ、おそらくはインフレ目標を上方修正しようという提案がなされている。[39]

米国のバイデン大統領政権において成立した景気刺激策と米連邦準備理事会（FRB）のハト派的な態度は、少なくとも一時的に高めのインフレを実現させる目的を持って、意図的に経済を過熱させるものと見ることができる。しかし、FRBは目標インフレ率を上方修正しておらず、現時点ではその兆候もない（これについては、第6章でバイデン政権の刺激策の効果について論じる際に、詳しく説明する）。[40]

もし長期停滞がさらに悪化したら

民間需要の低迷が続き、中央銀行が実効下限制約に留まっているにも関わらず、必要となる財政赤字が多額であり、債務比率が着々と上昇し、債務の持続可能性に疑問が生じるとしたら、どうすればよいだろうか。この問題は、既に債務比率が非常に高水準である日本に明らかに関係しており（これについては、第6章で日本の財政政策に関する過去30年間と将来の見通しを論じる際に、詳しく議論しよう）、総需要を維持するために財政赤字に代わるものが存在するのか否かという論点を提起している。

ケインジアンの**均衡財政乗数**、すなわち支出と税を同額で増加させる提案が一部にある。その論理は、限界消費性向が1より小さく、税が消費を通じて機能することから、税は需要に対して一対一より小さい効果を持つが、支出は需要に直接かつ一対一で影響を与えるというものだ。これは教科書では機能するが、先に述べた実証的なエビデンスによれば、実際には税の乗数は支出の乗数よりも**大きく**、そうであれば、このような均衡財政の増加は逆効果になるだろう。

有望な方法は、r*の決定要因に注目し、その決定要因の一部に対して政策が影響を及ぼすことができるかどうかに注目することだ。低水準のr*の背景要因の分析は、いくつかの手がかりを示している。

投資の面では、グリーン公共投資が関連する民間投資の大幅な増加の引き金となり、需要（および後の供給）を大きく増加させる可能性があるかもしれない。グリーン投資の波及効果に関するエビデンスは限られているが、示唆的だ。米国の大統領経済諮問委員会による2016年の調査（Council of Economic Advisers 2016）は、2009年に米国で可決された米国再生・再投資法（ARRA: American Recovery and Reinvestment Act）のパッケージで割り当てられた460億ドル

39 例えば、Michau（2020）やUbide（2017）を参照。

40 このパラグラフは目標インフレ率、そして予想されたインフレに関するものだ。予想外のインフレ（投資家が債券を購入した時点では予想外だったもの）は別物である。本書執筆時点の米国で見られるように、債務の実質的な価値を下げる可能性がある。しかし、予想外なものという性質上、持続的な政策にはなりえない。

が、民間投資や非連邦公共投資の1500億ドル以上の増加につながったことから、乗数効果は大きいと結論付けている。他の研究（Aldy 2013）では、そのARRAのパッケージに含まれるクリーンエネルギー製造税額控除は、税支出総額の上限が23億ドルであり、54億ドルの共同投資を支えたと推定している。第三に、ノルウェーのデータに基づく研究（Springel 2021）では、充電ステーションに1ドル投資すると、電気自動車の購入額が4ドル増加することがわかった。ニコレッタ・バティーニら（Batini et al.2021）は、構造VARの手法を用いて、再生可能エネルギーと化石燃料のエネルギー投資への支出に関連する乗数は、1・1から1・5であると結論付けている[41][42]。

貯蓄の面では、アティフ・ミアンやルートヴィヒ・ストラウブ、アミール・サフィ（Mian, Straub, and Sufi 2021b）は、富裕層は貧困層に比べて貯蓄を行う傾向があり、米国における1980年代初頭からの格差拡大が貯蓄率の上昇とr^*の低下に寄与したと論じている。しかし、貯蓄を大幅に縮小するような格差の是正は現実的には手が届かないだろう。いくつかの国では、予備的貯蓄に焦点を当てることが最も有望な方法の1つだろう。「オバマケア」として知られる医療費負担適正化法（Affordable Care Act）の拡張や米国の「メディケア・フォー・オール」のような社会保険の充実はそれ自体でもよいことだが、予備的貯蓄の縮小、民間需要の増加、財政赤字の必要性の低下につながるだろう。いずれにせよ、長期停滞が今後も支配的であれば、これらの政策や他の方策も含めて検討していくべきだ。

41　様々な研究に共通するテーマは、これらの施策に炭素価格の明確な道筋を付随させることの重要性である。ARRAで行われた炭素回収・貯留プロジェクトなど、後に炭素価格が低下したために失敗した投資もある。

42　上流に目を向けると、特許の引用件数で測定される知識波及に関するエビデンスが存在する。低炭素技術の方が高炭素技術より大幅に高いが、これはおそらく古い技術と比較して新規性が高いためだろう（例えば、Dechezleprêtre, Martin, and Mohnen（2017）を参照）。

第6章

財政政策の実践

Fiscal Policy in Action

21世紀の財政政策

低金利・高債務下の

正しい経済戦略

本章では、良くも悪くも財政政策が大きな役割を果たした、あるいは現在も果たしている、近年の3つのエピソードを取り上げる。ここでの目的は、それらのエピソードを完全に評論することではなく（そのためにはもう1冊の本が必要となってしまう）、これまでの分析に照らして財政政策の選択を説明し、議論することにある。

多少戯画化すると、本章で紹介する3つのエピソードは、「少なすぎた」、「ちょうどよかった」、「過剰だった」という3つに分類できる。

財政政策が少なすぎた? 最初の節（6－1）では、世界金融危機後に行われた「緊縮財政」の時期について検討しよう。危機の結果として債務が大幅に増加し、債務削減に急速に焦点が移った。特に欧州連合（EU）では、強力な財政再建に取り組んだ。少なくとも欧州では、財政再建が強力過ぎで、市場も政策立案者も伝統的な債務観に囚われ過ぎており、生産への大幅な費用が生じたという点で、現在では幅広い合意が得られている。

財政政策がちょうどよかった? 第2節（6－2）では、過去30年間の日本経済について検討しよう。日本は欧米よりも早く1990年代半ばから実効下限制約を経験し、それにとどまってきた。中央銀行がインフレ目標を達成できず、経済成長率は低く、債務比率は着実に上昇して純債務で170％以上、総債務で250％以上に達するなど、日本のマクロ経済政策は失敗と評されることも多い。だが、これはむしろ、非常に低迷する民間需要を積極的な財政・金融政策の活用によって補ったのであり、一応の成功を収めたと見るべきだ。

生産の水準は潜在水準近くに留まっている。経済成長率は低いが、これは人口動態によるものであり、生産性が原因ではなく、債務のせいでもない。インフレは低く、インフレ目標より低いが、これは大きな失敗ではない。とはいえ、先行きを見れば心配すべき点も見られる。それは債務比率が非常に高いことだ。今のところ、投資家は心配しておらず、10年名目金利はゼロに近い。しかし、このまま債務を増加させ続けることが可能だろうか。金利が上昇したらどうなるのか。代替案はあるのか。

財政政策が過剰だった？第3節（6－3）では、2021年初めに米国のバイデン政権が打ち出した景気刺激策である米国救済計画（ARP: American Rescue Plan）の効果について検討しよう。2020年の財政政策の焦点は、家計と企業の保護にあった。そして、2021年初頭には、財政政策の対象は保護から回復の維持へと部分的に移行した。このプログラムの規模は観測される需給ギャップに比して極めて大規模なものであった。その戦略は（意図的かどうかは別として）、実質的には二重の構造となっていた。財務省にとっては、総需要を強力に拡大させ、その結果、実効下限制約を緩和するために中立金利を上昇させることであった。一方、米連邦準備理事会（FRB）にとっては、政策金利の中立金利への調整を遅らせることで、ある程度の経済の過熱を許容し、その過程でわずかに高めのインフレを発生させることであった。このプログラムに対しては、規模が大きすぎたために、経済の過熱と過度のインフレに対する懸念が多く見られることとなった。本章では、本書執筆時点の状況を確認する。

6-1 世界金融危機後の緊縮財政

世界金融危機は2008年秋に本格化した。2008年の終わりから2009年の大半にかけて、各国政府の対応は債務をあまり心配せず、必要と思われるところには何でも支出するというものだった。最も強力な対応がとられたのは米国で、2009年2月に成立した「米国再生・再投資法」（ARRA: American Recovery and Reinvestment Act）により国内総生産（GDP）の5・9%にあたる8300億ドルの追加支出・税制措置が決定された。2009年のプライマリーバランスはGDP比でマイナス11・2%となり、2008年のマイナス4・6%から悪化した。

欧州では、2008年11月に採択された「欧州経済回復計画」（EERP: European Economic Recovery Plan）において、EU全体で2000億ユーロ、EUの域内総生産（GDP）の1・5%に相当する対策を講じるよう各国政府に勧告した。ユーロ圏の2009年のプライマリーバランスはマイナス3・8%となり、2008年の0・4%から悪化した。

日本は危機の深刻化に伴いいくつかの対策を通過させ、追加対策総額29兆円（GDPの5・8%）のプログラムを成立させた。2009年の日本のプライマリーバランスの赤字はマイナス9・3%となり、2008年のマイナス3・8%から悪化した。[1]

その結果、2009年末の（純）債務比率は、米国では2008年末比で11%増の63%、ユーロ圏では8%増の62%、日本では11・3%増の96%であった。公的債務の増加に加え、2008年末に米国で成立した「不良資産救済プログラム（TARP: Troubled Asset Relief Program）」（最大7000億ドルの資産購入・保証を認めるもの）など政府がオフバランスシートのオペレーションに取り組んだことにより、偶発債務が大幅に増加した。

並行して、中央銀行はゼロ金利やそれに近い水準まで金利を引き下げた。米国ではフェデラルファンド金利を2008年8月の2・0%から12月には0・1%に引き下げた。欧州では、ユーロの政策金利を2008年9月の5・25%から2009年3月には1・75%に引き下げた。日本では、危機以前から実効下限制約に事実上直面していた政策金利が、9月の0・5%から年末には0・1%に引き下げられた。

各国政府は当初から「タイムリーで、的を絞った、一時的」な財政措置の必要性を主張していた。2009年末までに経済が徐々に回復してくると、焦点は財政再建に移った。この焦点の変化を把握するために、G20の首脳宣言と国際通貨基金（IMF）財政モニターの概要を考察した。以下のようにプラス2～マイナス2までの点数を使用した。債務削減よりも生産安定化に重点を置いているものはプラス2、生産安定化よりも債務削減に重点を置いているものはマイ

1　IMF財政モニター、Methodological and Statistical Appendix, 2017.

図6-1　G20とIMFの債務削減対生産安定化の姿勢

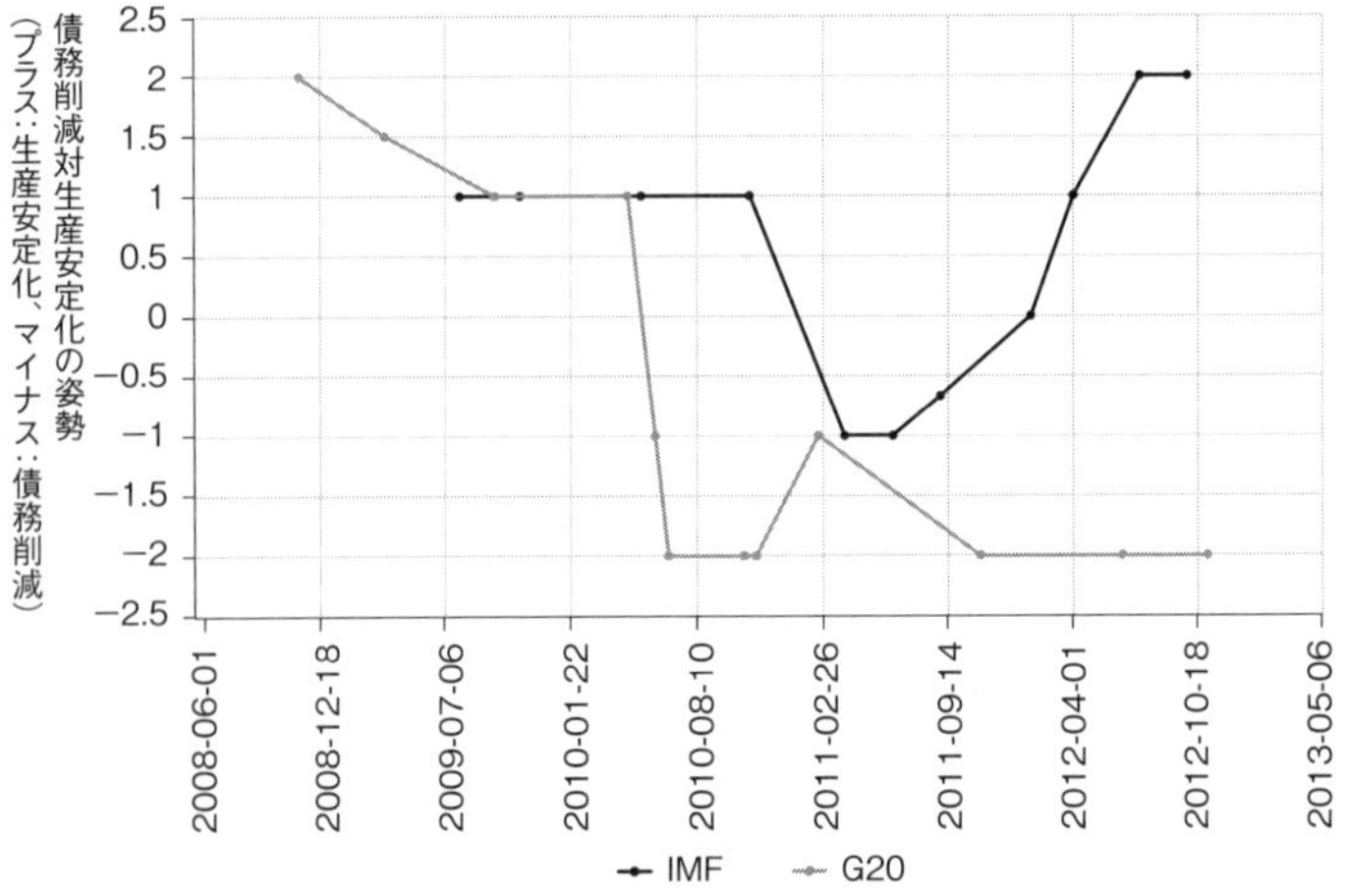

出典：G20 首脳宣言およびIMF財政モニター概要

ナス2。よりバランスをとったものはプラス2からマイナス2の間として数値化した。この分析は明らかに主観的であるが（同じ論点に対してAIを用いたアプローチよりも信頼性が明らかに低いというほどではないだろうが）、非常に示唆に富む。[2]

その結果を**図6-1**に示している。G20首脳宣言は2010年初めまでは経済安定化に対する強い支持を表明していたが、それ以降は一転して、中央銀行が依然として実効下限制約かそれに近い水準にあるにもかかわらず、ほぼ全面的に債務削減の必要性に焦点を当てるようになった。IMFはよりハト派的だったが、2010年には債務削減の強調に転じた。しかし、景気回復が緩慢になると、2011年以降は生産安定化に比重を置くようになった。

債務削減重視への転換は特にEUで顕著だった。危機前の2008年6月、欧州委員会の財政報告書では、ほとんどの国がマーストリヒト基準を満たすと評価されていた。2009年に欧州委員会はEERPへの支持を表明したが、景気刺激策の「一時的」な側面を強調した。
2010年に欧州委員会はEUの財政ルールを停止しないことを決定し、「出口戦略」に焦点を移した。債務の増加によって、ほとんどの国を安定成長協定の「是正措置」の対象とし、2、3年の間に債務の中期目標に戻ることを求める過剰赤字手続き（EDP: Excessive Deficit Procedure）を開始した。スプレッドが拡大しており、市場を安心させる必要があったが、そのメッセージはより一般的であり、スプレッドの拡大していない国も含めてすべての加盟国に適用されるものであった。メッセージは明確なものだった。

「課題を考慮すれば、財政再建の計画速度は野心的であるべきであり、ほとんどの加盟国において構造的指標で年にGDPの0・5%というベンチマークを大きく超えなければならないだろう。」

（欧州委員会「Public Finances in EMU」2010年、3ページ）

2　この分析を最初に行ったMichael Kisterに感謝する。また、筆者はこの間、IMFのチーフエコノミストを務めていたため、この分析では評価者であるとともに作成者であったことには留意されたい。

2011年には、景気回復が鈍化し、欧州中央銀行が依然として実効下限制約に近い状況にあるにもかかわらず、欧州委員会は債務比率を安定させるだけでなく低下させる必要性を主張し、さらに踏み込んだ。

「危機直後の数年間、持続可能性の問題が重要な関心事として浮上してきた。増加する財政赤字と金融セクターを支援するためのオフバランスシートのオペレーションにより、ほぼすべてのEU諸国において債務が大幅に増加した。GDPの成長への回帰や一時的な支援策からの緩やかな撤退や財政再建の開始により財政赤字が減少し始めているにもかかわらず、ほとんどの国で今後1年間からしばらくの間は債務の増加が続くと予想される。ピークに達するだけでは問題は終わらない。増加を止めるだけでは不十分であり、新たな水準から減少させるにはむしろ追加的な財政再建措置が必要となる。人口の高齢化が今後数十年間でますます財政に悪影響を及ぼし、その持続可能性を圧迫することが予想されることもある。」

（欧州委員会「Public Finances in EMU」2011年、.ixページ）

欧州委員会は事実上さらに厳しいルールへの変更を提案した。支出のベンチマークを追加し、債務比率の調整の最低速度、すなわち実際の債務比率と60％との差分の20分の1という数値基準を導入した。

2012年にユーロ圏の経済成長率が前年比0・8％減とマイナスとなったにもかかわらず、欧州委員会は再度踏み込んだ。

「危機が始まって以来、債務比率が大幅に上昇していることに加え依然として多額の財政赤字を抱えていることから、既に失速している経済成長率にさらなる圧力をかける可能性はあるものの多くの加盟国にとって財政引き締めを緩和する余地はほとんどない。危機への対応をどのように継続するのが最善かという議論の中で、成長見通しが低迷する中で財政再建をさらに進めると債務比率に自滅的な影響を与えかねないという懸念が提起されている。第Ⅲ部ではそのような効果がどのように生じるかを詳細に分析しているが、そのようなケースはむしろ理論的であり妥当な経済前提の下ではいずれにしても短期的にすぎないものと結論づけている。」

（欧州委員会「Report on Public Finances in EMU」2012年、.ixページ）

経済成長そのものではなく、経済成長率の低下によって債務削減が自滅的になるかどうかが懸念されていることが欧州委員会の評価で興味深い点である。

2013年も経済成長率はマイナス0・2%であった。2012年7月に当時の欧州中央銀行総裁マリオ・ドラギがアナウンスした「何でもやる」(Whatever it takes)は、特にポルトガル、イタリア、アイルランドのソブリン債のスプレッドを大幅に縮小させたが、それでも欧州委員会のメッセージに変化はなかった。「公共部門のデレバレッジ」は厳しく、生産に影響を与えるものだったが、財政再建を継続する必要があるというものだ。

「金融環境の改善による実体経済への影響は今のところ限定的である。経済活動は2012年後半には失望させられるものとなり、2013年第1四半期には予想より弱いものとなった。これは、相互に関連する2つの要因による。第一に、銀行セクターの脆弱性が継続しており、金融市場の状況の改善は未だに信用の伸びにつながっていないこと(中略)。第二に、民間部門と公的部門のデレバレッジのプロセスは多くの国でまだ進行中であり、これが総需要に重くのしかかっていることである。特に、高失業率や、将来の経済見通しや債務危機の進展に関する家計や企業の不確実性が持続していることから、国内需要は依然として低迷している。同時に、財政の持続可能性に対する懸念が残っていることから、多くの加盟国政府は必要な緊縮財政を続けなければならない。」

(欧州委員会「Report on Public Finances in EMU」2013年、13ページ)

図6-2　需給ギャップと景気循環調整後のプライマリーバランスの変化

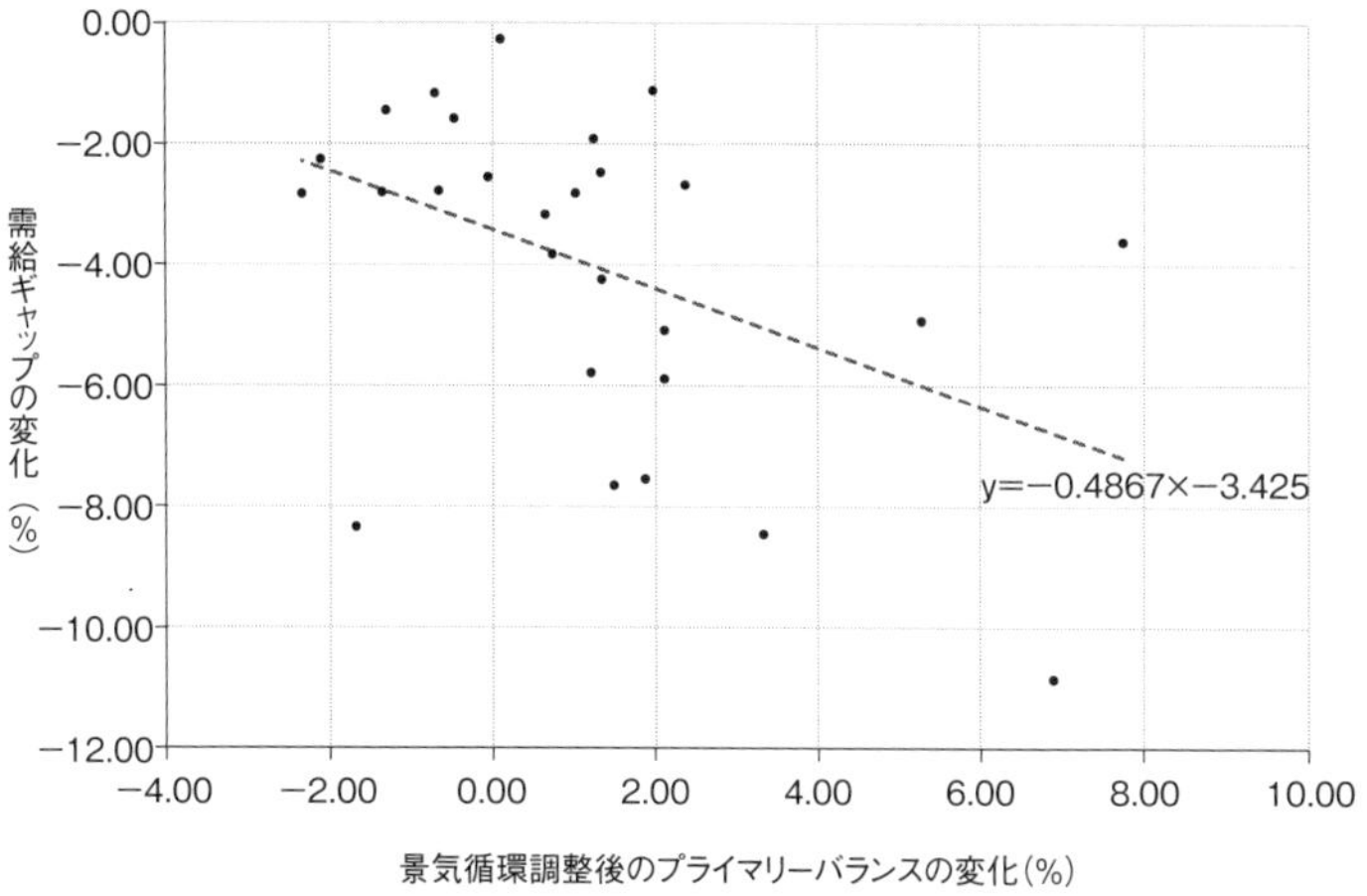

出典：需給ギャップはIMF世界経済見通し、景気循環調整後のプライマリーバランスはIMF財政モニター

緊縮財政は生産面ではどの程度の犠牲を伴うものだったのだろうか。実際に起こった事柄とは別の可能性を想定することは不可能だが、国同士の比較のエビデンスを確認することはできる。単純な二変数グラフには明らかな限界があり、因果関係よりもむしろ相関を示すものだが、示唆に富んでいる。**図6－2**は、データが入手可能な27の先進国について、2008年から2014年までの需給ギャップの変化と同時期の景気循環調整後のプライマリーバランスの変化を、いずれもGDP比率でプロットしたものだ。両者の間には明らかに有意な負の関係がある。回帰係数はマイナス0・48であり、景気循環調整後のプライマリーバランスのGDP比での1％増加は、GDP比で約0・5％の需給ギャップの悪

化を伴っていたことを意味する。EU加盟国のみを対象とした場合にも同様の結果が得られる（回帰係数はマイナス0・32）[34]。

要約しよう。

世界金融危機の後、中央銀行が未だ実効下限制約に位置しているか近い位置にあるときに、政策立案者は生産安定化よりも債務削減を重視しすぎたのだ。言い換えれば、財政の支援が少なすぎた。高債務のコストは実際のコストよりも大きい極めて大きなものとして認識され、乗数も過小評価されたため、財政再建による生産へのコストが過小評価されたのである[567]。

6-2 日本の経験——成功か失敗か

1990年代初頭以降の日本経済とその背後に存在する金融・財政政策は大失敗とみなされることもある[8]。だが、実際には一応の成功と言ってよいと私は主張したい[9]。それでも、高水準の債務が有する意味とリスクについては慎重に検討されなければならない。これが本節のテーマである。

失敗と判断される理由は明快だ。経済成長の伸び悩み、インフレ目標の未達、巨額の財政赤字、そして非常に巨大な公的債務が蓄積されていることである。1992年以降の経済成長率は、経済協力開発機構（OECD）諸国の平均2・0%に対して日本は平均0・8%である。[10] 財政政策は巨額の財政赤字と債務比率の着実な上昇を特徴としており、2020年の純債務比率はGD

---

3 いずれの場合も、ギリシャはグラフと回帰から除外されている。ギリシャは大きな外れ値だ。プライマリーバランスの変化はGDPの13・5%に相当し、需給ギャップはGDPの17%悪化している。ギリシャを含めれば、より強い相関が得られるだろうが、1つの国によって大きく左右されてしまう。

4 また、（私もそうであったように）需給ギャップの作成手法にも疑問を持つかもしれない。需給ギャップの代わりに失業率を用いても、失業率の変化とプライマリーバランスの変化との間に強い正の関係が見られる。先進国を対象とした回帰分析の係数は0・19である。プライマリーバランスが1%上昇すると、失業率の0・19%上昇を伴っている。

5 Daniel Leighとの共同研究（Blanchard and Leigh 2013）で、我々は経済成長率の予測誤差が計画された財政調整の規模と相関があることを示した。偏りのない予測では予測時の情報セット内の変数と予測誤差の相関がゼロになるはずであるため、政策立案者が財政再建の成長への悪影響を一貫して過小評価していたと考えるのが自然な解釈だ。

6 この評価は、当時の政策立案者の一部に共有されている。例えば、Buti（2021）による非常に率直な説明を参照。

7 Marco Buti（2021）は、金融危機とコロナ危機におけるEUの行動について興味深い対比を示している。前者ではモラルハザードが主なテーマだった。南欧の国々は品行方正ではなく、抑制がなければ再度同じことをする可能性があると見なされていた。コロナ危機では問題は明らかに品行方正ではないことではなく、北欧にも南欧にも影響を及ぼしている。これが柔軟な見解を採用することにつながっている。

8 1990年代以降の日本経済の変遷の詳細な分析は、Hoshi and Ito（2020）を参照。

9 意図して刺激的な表現を用いており、経済政策のマクロ経済の安定化という役割に限定するものだ。歴代の政権は必要な構造改革を十分に実施しなかったという点で不十分であったと言う人もいるかもしれない。

10 資産バブル崩壊の開始は1990年であったが、1990年と1991年には経済成長は堅調に推移した。そのため1992年を起点とすることにした。

Pの171%、総債務ではGDPの250%に達する。消費者物価指数のインフレ率は平均して0・3%で推移しており、目標の2%を大幅に下回っている。

しかし、この理由は見かけよりも弱いものだ。

日本の経済成長率の低下は、1995年から0%である人口増加率の低下、そして、労働力の増加は0・1%に留まることを主に反映したものだ。[11] 労働者一人当たりの生産で見た生産性の伸びは0・6%であり、米国の1・6%を下回るものの、EU19（前回のEU加盟国の拡大以前のEU加盟の先進19カ国）の0・5%とほとんど同じである。時間当たりの生産で見た生産性の伸びは1・3%で、EU19の1・0%を上回るが、やはり米国の1・7%には及ばない。

失業率は低水準である。（その10年前に生じた）バブル崩壊の影響で上昇を続け、最初は2001年に、その後は世界金融危機の際の2009年に、2度に渡って5%に達したが、2021年には2・8%と、1990年の2・1%に近い値まで時間をかけて戻っている。

インフレは目標である2%を大幅に下回り、1992年以降の消費者物価指数のインフレ率の平均0・3%を中心に、多少のインフレと多少のデフレの時期を繰り返してきた。これはどのように解釈できるだろうか。フィリップス曲線の関係から、インフレ予想が安定していれば、予想インフレ率より低いインフレ率は失業率が自然失業率を上回っていること、つまりマイナスの需給ギャップが存在することを意味する。

しかし、インフレ予想に関するエビデンスは、インフレ予想がインフレ目標の値よりも低く、平均して1%程度で推移していることを示唆しているものの、それでも実際のインフレ率ほどには低くない（Maruyama and Suganuma 2019）。このことは、平均して生産は潜在水準を下回るが、それに近い水準に留まってきたことを示唆している。

しかし、この間、大規模な財政赤字が継続し、公的債務が大幅に増加したことは事実である。この点に議論を移そう。

政府が財政赤字を活用する理由は少なくとも2つ存在する。1つは意図的でない理由であり、逆風となるショックやトレンドに直面し、公共支出をカバーするほど十分な収入を確保できなくなるためである。もう1つは意図的なものである。民間需要の低迷に直面し、需要や生産を維持するために財政赤字を活用するからだ（自動安定化装置はそれらの2つの組み合わせだ）。つまり、論点は、1990年以降の日本の財政政策が、この2つ理由のいずれに特徴づけられているかということだ。

1990年以降の日本のプライマリーバランスの赤字の推移をGDP比率で示したものが**図6-3**である。

1990年代には第一の理由が中心的であったことは明らかだ。1990年の3%のプライマリーバランスの黒字から1998年の10%近いプライマリーバランスの赤字に急変したのは、

11 起点の選択はEUと比較する際のデータの制約によって決定している。

図6-3　日本のプライマリーバランス

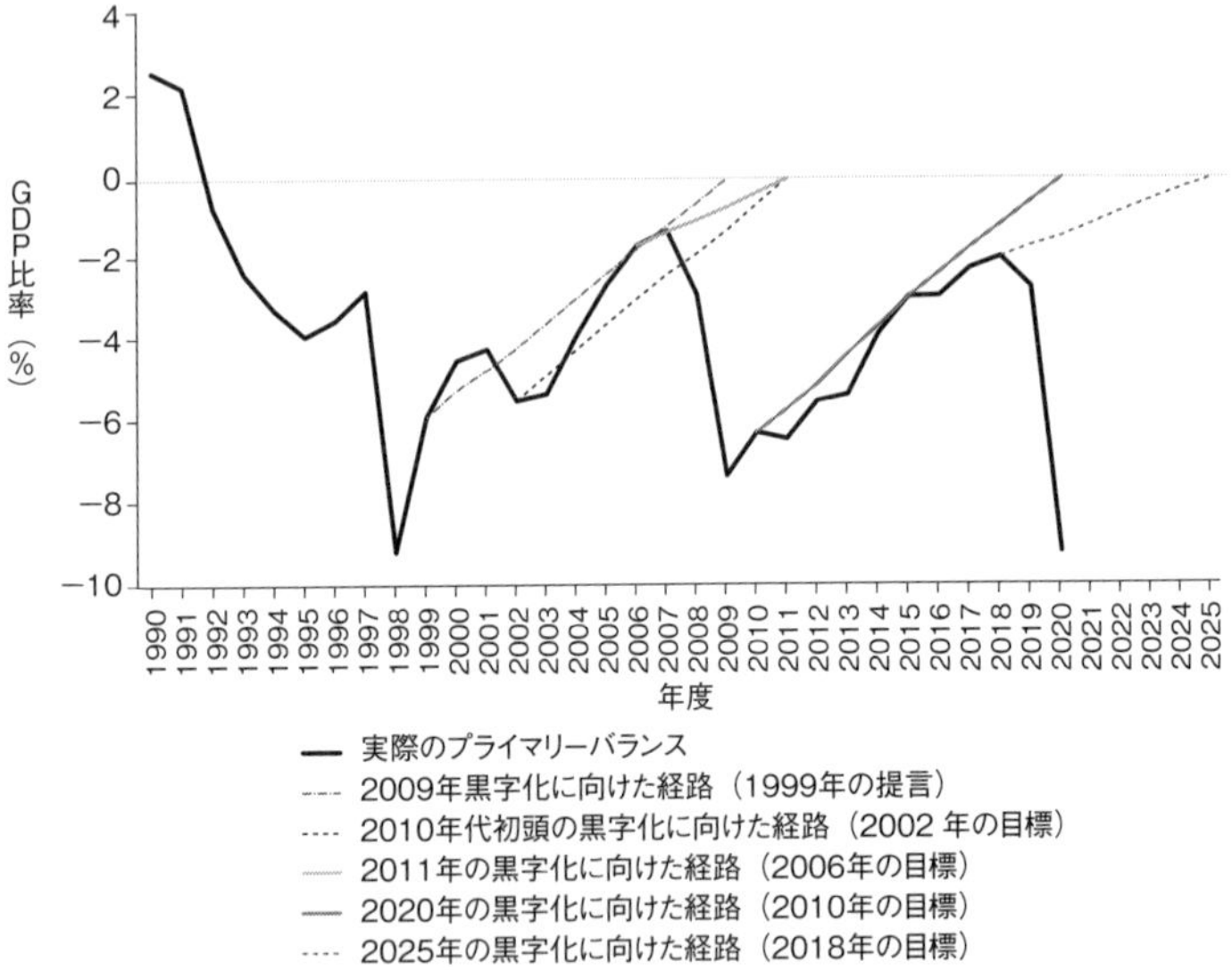

出典：プライマリーバランスは2001年度まで国民経済計算。2002年度以降は内閣府「中長期の経済財政に関する試算」。目標の経路の作成に当たっては「経済財政運営と改革の基本方針」、「財政運営戦略」（2010年6月）、「日本経済再生への戦略」（経済戦略会議答申）（1999年2月）を使用。

バブル崩壊後の経済成長率の劇的な低下（1980年代の4・3%から1990年代の1・3%）が基本的な要因であった。しかし、高齢化はこの間継続して財政にとって重要かつ悪化の要因となってきた。65歳以上の人口比率は倍増して2021年には30%に達し、医療費と老後の支出圧力が着実に増加している。歴代の政権にとって支出増に並行して増税を行うことは困難であり、意図しない財政赤字が発生し、それを削減しようとしてきた。

　同時に、政府は民間需要の低迷の中で需要と生産を維持する必要性と、財政赤字を縮小することによるマクロ経済上のリスクも認識している。

この2つの目標の間の緊張が、やや矛盾しつつも、とはいえ、珍しくはない結果をもたらしている。1990年代には、債務増加抑制と需要維持の相反から、引き締めと緩和を交互に繰り返すストップ・アンド・ゴー型の政策がとられた。1995年の大幅な財政拡張に続いて1996年と1997年には緊縮財政が進められた（Posen 1999, 2013）。

2000年以降、**図6-3**に示すように、政府は10年後のプライマリーバランスを均衡させる目標を設定し始めた。これは、需要を支える必要性とは独立して、その後10年間、毎年0・6%から0・8%の規模でプライマリーバランスの赤字を着実に削減することを意味するものだ。このアナウンスされた目標経路は、実際には言葉以上のものであった。**図6-3**を見ると、世界金融危機とコロナ危機による負のショックがそれぞれ大幅なプライマリーバランスの赤字の増大を招いたことを除けば、歴代の政権によってアナウンスされた目標経路の近くを実際に推移してきたことが理解できる。しかし、この2つの危機によってプライマリーバランスの赤字が大幅に拡大し、当初の巨額なプライマリーバランスの赤字比率からの調整がリセットされた。

安倍晋三元首相による2017年の以下の発言は、債務削減の望ましさとマクロ経済の安定化の必要性とのバランスに関する近年の政府の認識を示す好例だ[12]。

12　2017年3月1日、参議院予算委員会における安倍晋三首相の答弁。

「例えばPBというのは、思いっ切り、例えば来年度予算を、じゃ半額にしますよと言ったら、これはPBというのは黒字化するんですよ。黒字化した瞬間、日本経済は死んだような状況になって、その翌年から悲惨なことが起こっていくわけであります。」

日本の現政権は、（r－g）≦0という事実と合わせて必要に応じて需要を維持するために赤字を計上する可能性があることを明言しており、政府がある程度の赤字を計上しながら債務比率を安定させる、あるいは減少させることが可能である。前財務事務次官の言葉を引用しよう。[13]

「財政を健全化するためには、金利ボーナス期間（引用者注：経済成長率が金利を上回る期間を「金利ボーナス期間」と呼んでいる）に、単年度収支の赤字幅を十二分に（正確に言えば、少なくとも「成長率－金利」の黒字幅以内にまで）縮めて行かねばなりません。そうすれば財政のさらなる悪化はなんとか回避できます。それが日本の目指すべきボトム・ライン（最低限の目標）であり、王道なのです。」

需要維持と債務削減の緊張関係は現在も存在している。2020年のプライマリーバランスの赤字が8・4％であり、日銀が依然として実効下限制約に拘束される中で、先の引用が

2025年度までにプライマリーバランスを黒字化するという目標と整合的かどうかは疑問だ。実際、IMFが予測する2025年の日本のプライマリーバランス（ただし、社会保障基金を含む）はマイナス2・0％である。

全体として、財政政策と金融政策の組み合わせ、すなわち、（一部は意図的でなく、一部は意図的である）大幅な財政赤字、他方では実効下限制約での金融政策が、慢性的に低迷する民間需要の中で日本の生産を潜在水準近くにまで維持したと捉えることもできるだろう。[14] この点で、日本は十分に成功したと言える（繰り返すが、実際に起こった事柄とは別の可能性において何が起こり得たかを知ることは困難だ）。

しかし、赤字は、（r－g）＜0による好ましい債務ダイナミクスを上回るほど大きなものであり、総債務比率は1990年の63％から2021年末の予測では250％に、純債務比率は1990年の19％から2021年末の予測では171％に上昇した。このことは3つの問いを提起する。

13 矢野康治『財務次官、モノ申す「このままでは国家財政は破綻する」』文藝春秋、2021年11月号
14 財政政策が実際に効果を発揮したのか、つまり当時の日本における乗数はどの程度かという疑問が生じるかもしれない。Goode, Liu, and Nguyen (2021) では、1980年から2019年までの日本において、特に実効下限制約に拘束されている時期には支出乗数が大きかったと結論付けている。

日本は債務比率の上昇を抑えつつ、生産を維持するためにどの程度のプライマリーバランスの赤字を計上できるのか

この問いに答えるには、債務ダイナミクスの基本式に基づく概算が有用だ。5年名目金利はマイナス0・1%、5年先のインフレ予測は年率1・0%、2022年のコロナからの回復による高成長を除いた5年の経済成長率予測は年率0・8%である。純債務比率は171%である。つまり、(r−g)bは(−0.1%−1.0%−0.8%)*171%に等しいため、マイナス3・2%となる。つまり、日本は期待値として3・2%のプライマリーバランスの赤字を計上しても、債務比率を安定させることができる。[15]

これは、生産を潜在水準に到達させ、維持するために十分だろうか。これにはマクロ経済モデルが必要であり、コロナ後の民間需要の強さを想定する必要があるが、答えは「イエス」であるように思われる。IMFによる2025年の予測では、プライマリーバランスの赤字比率が2%の場合、失業率は2・3%となり自然失業率に近いものとなる。これらを前提に、純債務比率が2021年の171%から169%に若干低下するとIMFは予測する。

このことは、現在の予測では、債務が非常に大きいにもかかわらず日本は債務の持続可能性の問題に直面していないことを示唆している。しかしながら、債務の持続可能性に関する第4章のテーマは、完全な評価を行うには単なる点予測だけではなく、不確実性や様々な変数の分布を考慮する必要があるということだった。そこで、次の問いが浮かび上がる。

金利が大幅に上昇したらどうなるか

コロナが持続する場合に必要となるプライマリーバランスから、経済の基調的な成長率などまで、債務ダイナミクスに影響を与えるすべての変数は不確実である。明らかに、（債務の持続可能性の観点からの）主な心配事は、実質金利が大幅に上昇して債務爆発の回避が困難になることだ。この問題を議論するために第4章の債務の持続可能性の議論を参照しよう。[16]

金利上昇をどの程度心配すべきかという論点は、まず債務の平均残存期間に依存する。国債の満期が長いほど、一時的な金利上昇によって政府の予算制約が影響を受けることは少なく、恒久的な金利上昇に対処するために有する時間も長くなる。国債の平均残存期間は8・2年だ。[17]しかし、大規模な量的緩和の結果、国債の45％は日銀が保有し、日銀はそれに対応する満期ゼロの中央銀行準備預金を発行している。したがって、日本政府（財務省および日銀）の統合政府債務の平均残存期間は国債の平均残存期間の約半分となる。これは大幅な短縮化であり、日本政府を相当な金利リスクにさらしている。

そこで次の疑問が生じる。

15　期間を5年としたのは、ＩＭＦの見通しが5年先までのためだ。
16　Blanchard and Tashiro（2019）も参照している。
17　ＩＭＦ財政モニター（２０２１年10月）Table A23.

どのように金利が上昇する可能性があるのか、それは何を意味するのか。

第一の可能性は、サンスポット・サドンストップによる上昇である。上記では金利が上昇しなければ日本の債務は持続可能だろうと確認した。しかし、第4章で述べたように、投資家が懸念し、日本国債の保有にスプレッドを要求すれば、その懸念は自己実現する可能性がある。例えば、実質金利がマイナス1・1%から2%に上昇すると、日本政府はプライマリーバランスをGDP比で5・3%増加させなければならない。しかし、それは不可能かもしれない。なぜなら、経済への壊滅的な影響や、増税や歳出削減への政治的制約があるからである。

日銀はこのリスクを排除できるのだろうか。答えはおそらく「イエス」である。まず、日本国債は投資家層が非常に安定しており、外国人投資家が保有する国債の割合は13%に過ぎない。伝統的に、日本の投資家はより安定的である。第二に、現在では日銀が国債の主要な保有者であり、安定した投資家の役割を果たし、他の投資家と一緒に売却しようとはせず、他の投資家が売却したときには進んで購入するだろう。実際に、日銀はそれほど大規模な買い入れをする必要はないだろうから、日銀が低スプレッドを維持するというコミットメントは信用に足る。

第二の可能性は、日本の民間需要の増加であり、財政政策を一定とした場合、r^*の上昇をもたらすものだ。財政政策を変更しない場合、日銀が政策金利を中立金利に等しく設定するとすれば、rが上昇する結果となる。この場合では、第5章で得られた結論に従って当然の答えが導かれる。つまり、総需要が増加すれば、政府は財政赤字を減少させることができるので、民間需要の増加を少なくとも部分的には相殺し、r^*の上昇幅、ひいてはrの必要な上昇幅を抑制することができる。[18]

もう一度概算をしよう。

債務比率が安定した状況での、$r=r^*=0\%$という仮定から始めよう。財政政策を変更しないまま、民間需要がGDP比で2％増加して、民間需要の実質金利に対する弾力性が1単位と仮定すると、r^*は0％から2％に上昇する。ここで、民間需要に対応して政府がプライマリーバランスの赤字を2％削減し、乗数を1としよう。r^*もrも変化せず、プライマリーバランスの赤字が縮小する。債務比率は、他の条件が同じであれば、毎年2％ずつ低下する。

異なるシナリオを考えることもできるだろう。例えば、政府がプライマリーバランスの赤字を1％だけ削減し、日銀が名目金利を据え置くとしよう。その結果、経済の過熱感からインフレ率が1％上昇したとする。債務が名目であれば債務の実質的な価値は1％減少し、実質金利の1％低下とプライマリーバランスの赤字の1％減少の組み合わせにより、時間の経過とともに債務はさらに低下する。仮に初期の債務比率が100％であれば、当初は年に2％ずつ債務

18　第5章で述べた理由から政府は民間需要の増加を完全には相殺すべきではなく、中立金利、ひいては政策金利の上昇を可能にし、金融政策に多くの余地を与えるためにより少なく相殺すべきだ。今回の分析ではこの点は置いておき、完全に相殺することを想定しよう。

が低下する。

第三の可能性としては、世界の総需要が増加し、海外のr^*とrが上昇することだ。日本の金融市場が概ね統合されていると想定すれば、日銀が海外のr^*の上昇に対応しない場合には、円安といくらかのインフレにつながるだろう。ここでも、円安による景気拡張効果が見込まれる（そして日本の公的債務は外貨建てではない）ため、生産を潜在水準に維持したまま財政赤字を減らすことができる。また、インフレは債務の実質価値を低下させ、rを低下させるので、より好ましい債務ダイナミクスを導く。

この議論の要点は、債務水準が高くても金利上昇の危険性はないと主張することではない。実際、財政赤字の削減は、仮に生産の減少につながらない場合でも政治的には困難であり、実現しない可能性もあり、その場合は債務の持続可能性に疑問が生じかねない。[19] しかし、その危険性は通常議論されているよりも小さいかもしれない。

民間需要が非常に低迷したまま、巨額の財政赤字と債務比率の上昇の継続を余儀なくされたらどうなるか

強い民間需要と金利への圧力よりも懸念すべきは、実は反対の結果、つまり、民間需要の深刻な低迷が継続し、日銀が実効下限制約に留まることを余儀なくされ、債務比率がさらに継続的に上昇するほどの巨額の財政赤字が必要になる場合だ。先の計算が示唆するように、債務比

率のさらなる継続的な上昇をもたらすには巨額の財政赤字が必要である。しかし、その可能性は存在しうる。このため、総需要を維持するための他の方法を考えざるを得ない。そこで、民間需要の低迷や低水準の中立金利の背景要因を探り、それに政策的に影響を与えることが可能かという議論に至る。

まず貯蓄の面では、社会保険の充実はそれ自体望ましいことであると同時に、予備的貯蓄の必要性を減少させることで消費需要を増加させる可能性があることを第5章において指摘した。日本では社会保険は既に充実しているが、さらなる改善の余地があるかもしれない。岸田文雄首相は、非正規労働者に対する年金の拡充を提案している。これ自体は貯蓄への効果はそれほど大きくないかもしれないが、正しい方向性と言える。

投資の面に移ろう。日本の過去の公共投資は誰も使わない橋を連想させるなど、複雑な評判であることを最初に指摘しておこう。しかし、公共投資は他の形を取ることもできる。特に、第5章で述べたように、地球温暖化防止のためのグリーン投資の望ましさとそのマクロ経済上の望ましさは一致するだろう。公的なグリーン投資が民間投資に大きな波及効果をもたらす限り、

19　第4章の債務の持続可能性の議論における確率的債務持続可能性分析（SDSA）の活用について、まず既存の政策の下で行い、その後、政府がどのように対応するかを探るという二段階のアプローチを提案した。金利が上昇し、政策が再調整されない場合、第一段階は潜在的な問題のシグナルとなり、第二段階では、政府が反応しうるかどうか、どのように反応するかを探り、政治的限界を考慮する。

巨額の財政赤字がなくとも総需要の増加につながるかもしれない。また、投資が将来の成長を高めるのであれば（グリーン投資はそうではないかもしれないが、他の種類の公共支出、例えば保育の改善や出生率を高めて人口減少を逆転させる方策など）、rと比べてgが上昇することで債務ダイナミクスを改善することも可能である。

高水準の債務を抱える日本にとって、需要を維持するために財政赤字以外の方法を考えることは優先課題だ。しかし、それは他の国にとっても検討を始めるべき同様に重要な課題である。

6-3 バイデンの賭け――r、r*、g

原稿が完成してから本が出版されるまでの時間差を考慮すると、現在の政策とそれが将来に示唆するものを論じることはリスクを伴うものだろう。私はリスクを取って、ここでは、私が「バイデンの賭け」と呼ぶもの、つまり2021年初めに米国のバイデン政権によって提案された非常に大規模な財政パッケージについて論じることにしよう。第5章で展開したアプローチの適用方法を示すとともに、現在の環境下で財政政策を設計することの複雑さを示すものであることがその理由だ。

2020年3月上旬、新型コロナウイルスの危険性が明らかになると、ドナルド・トランプ政権は迅速に対応した。しかし、ロックダウンと自宅待機の措置の実施は多大な生産コストをもたらした（2020年第2四半期のGDPは年率で31％縮小した）。並行して、年間を通じていくつかの大規模な財政計画を実施した。2020年3月のコロナウイルス対策・対応補助歳出法（Coronavirus Preparedness and Response Supplemental Appropriations Act 1920億ドル）、4月の給与保護プログラム・医療強化法（Paycheck Protection Program and Health Care Enhancement Act 4830億ドル）、6月のコロナウイルス支援・救済・経済保障法（CARES法：Coronavirus Aid, Relief, and Economic Security Act 2兆3000億ドル、この中には約1兆ドルの融資が含まれているが、その半分は潜在的には免除される可能性がある）であった。FRBは政策金利を2月の1・5％から2020年3月までに0・05％へと引き下げた。金融政策、財政政策ともにその手法は「何でもやる」というもので、需要の維持よりも、家計や企業の保護を目的とした。その結果、純債務比率は2019年末の83％から2020年末の90％へと大幅に上昇した。

2020年中に状況は改善され、ロックダウンや自宅待機も少なくなった。コロナとの戦いにおいては急速な医学的進歩がみられた。その年の早期には遺伝子配列の解読が完了し、コロナワクチンの臨床試験が開始された。12月には、いくつかのワクチンが承認され、2021年半ばには、我々はコロナを概ねコントロールできるだろうと予測された。問題は、いかにして保護から回復に移行するか、需要をサポートし生産を潜在水準に速やかに回復するための最適な方策とは何かであった。ここでは、この点に注目しよう。

2つの主要なプログラムが導入された。1つは、2020年12月にトランプ政権が打ち出した8700億ドルの「インパクト・エイド・コロナウイルス救済法」（Impact Aid Coronavirus Relief Act）、もう1つは、2021年3月にバイデン政権が打ち出した1・9兆ドルの「米国救済計画（ARP）」であった。

後者のプログラムは、トランプ政権による前者のプログラムに追加されるものであり、大規模な財政拡張であった。計算に取り掛かろう。

まず、その時点での評価が可能であった、埋めるべき需給ギャップの潜在的な大きさを考えよう。2020年1月の失業率は3・5％と1953年以降で最も低く、自然失業率に近い水準にあったと捉えるのが妥当だろう。言い換えれば、2020年1月時点の生産水準は潜在水準に極めて近いものであった。米国議会予算局（CBO: Congressional Budget Office）はそれ以前の潜在的な実質生産量の伸びを年1・7％程度と見積もっていた。2020年も潜在生産量が同率で成長すると仮定し、2020年第4四半期の実際の実質GDPが前年同期比で2・5％低かったとすると、このCBO試算は2020年第4四半期の需給ギャップが1.7％＋2.5％＝4.2％、名目額でいえば約9000億ドルであったことを示唆する。

コロナによる直接・間接の供給制約を考慮すれば、9000億ドルは需要の増加によって埋めることができる額を過大評価した見積もりであることはその当時から明らかであった。パンデミックは潜在生産量を著しく低下させ、少なくとも2021年のかなりの期間、その状況が続く可能性が高いと思われていた。仮に、コロナがなかった場合と比較して2021年の潜在生産量の水準が1％の低下に留まると保守的に見積もっても、2021年に需要の増加によって埋める必要のある需給ギャップは6800億ドルに過ぎない。

需要の面では、その計画が総需要をどの程度増加させるかが問題であった。そのためには乗数に関する仮定が必要である。ARPを様々な構成要素に分け、2014年の大統領経済諮問委員会の報告書（Council of Economic Advisers 2014、第3章、表3－5）で示された乗数の平均値の組を用い、ARPの総需要への影響見込みを評価すると、全体の乗数（総需要増加のパッケージ規模に対する比率）は1.2に等しく、すなわち2.1兆ドルの支出増加を意味し、推定された需給ギャップの規模の3～4倍になるものだった[20]。

しかし、不確実性は非常に大きく、小さめの乗数の推定では全体の乗数は0.4であったが、大きめの乗数では全体の乗数は2.0近くとなった。2021年3月に可決されたARPの効果に、2020年12月に可決されたトランプ政権の8700億ドルのプログラムの効果を加えなければならないが、それに関連する乗数についても同様に不確実性が高い。さらに、もう1つの不確実性の要因は、様々な財政プログラムの結果として2020年に家計が通常より1.

20　詳細な計算はBlanchard（2021a）を参照。

6兆ドル多く貯蓄したと推計されており、そのうちどの程度消費するか見極めることは非常に困難であった。いずれにせよ、乗数や積み上げられた貯蓄からの消費について保守的な仮定を置いても、総需要の増加は需給ギャップの推計を大幅に上回り、経済の過熱をもたらすと思われた。

金融政策については、FRBは「長期間低金利を維持」し、生産が潜在水準に戻ってインフレが2%を超えるのを待ってから政策金利を引き上げ、その間、国債や不動産担保証券を買い続ける方針を示した。2021年3月の連邦公開市場委員会（FOMC: Federal Open Market Committee）声明から引用する。[21]

「委員会は、長期的に最大雇用と2%のインフレ率を達成することを目指す。インフレ率がこの長期目標を持続的に下回る中、委員会は、インフレ率が長期的に平均して2%となり、長期的なインフレ予想が2%で十分にアンカーされるように、しばらくの間2%を緩やかに上回るインフレ率を達成することを目指すだろう。委員会は、これらの結果が達成されるまで金融緩和的なスタンスを維持することを期待している。委員会は、フェデラルファンド金利の目標範囲を0%から0・25%に維持することを決定し、労働市場の状況が委員会の最大雇用に関する評価と一致する水準に達し、インフレが2%に上昇し、しばらくは2%を緩やかに上回る軌道に乗るまで、この目標範囲を維持することが適切であると期待する。」

この財政・金融政策戦略は理にかなったものだったのだろうか（これが考え抜かれた「協調的な戦略」であったかどうかは明らかではない。経済の大幅な過熱がバイデン政権の意図するものであったかも、この計画がFRBと協調して設計されたかどうかも明らかではない。しかし、そう考えることはできる）。第5章の議論を踏まえれば、2020年初頭、政策当局には次の3つの選択肢が存在していた。

- **最小限のアプローチ**　中立金利r^*を実効下限制約の金利であるr_{min}に回復するのに十分なだけの財政拡張を行う。つまり、政策金利を実効下限金利に維持しながら、生産を潜在水準に回復するのに十分なだけの財政拡張を行う。これよりも小さい場合、マイナスの需給ギャップを残すことになり、望ましくない。大きな不確実性が存在するため、民間需要の実現に部分的に依存しながら、少なすぎたり多すぎたりしないようにすることが理想だ。
- **より野心的なアプローチ**　大きめの財政拡張を実施し、それにより、中立金利r^*をr_{min}以上

21　Board of Governors of the Federal Reserve System, "Federal Reserve issues FOMC statement," news release.（2021年3月17日）https://www.federalreserve.gov/newsevents/pressreleases/monetary20210317a.htm

に引き上げ、r^*の上昇に合わせてFRBは政策金利rを引き上げ、生産を潜在水準に維持する。第5章ではこの戦略の論拠、すなわち、負のショックが後に発生した場合に金融政策が対応できる余地を残す意義を確認した。ここでも、必要に応じて時期により調整できるように、部分的に状況に応じて対応するようにプログラムを設計する。

・**さらに野心的なアプローチ**　第2の選択肢と同じように財政を拡張し、r^*をr_{min}以上に引き上げるが、FRBが政策金利rのr^*への調整を送らせることで、当面の間経済を過熱させ、インフレを一時的に上昇させる。第二の選択肢に対する潜在的な利点は、債務の実質価値が黙示的に低下することや、当面の間の債務ダイナミクスに実質金利の低下が及ぼす影響に加えて、過去に目標を下回ったインフレ率を穴埋めするためにインフレ率を上昇させることで、目標水準と同じになるような平均インフレ率を達成することである。この場合も、部分的に状況に応じて対応するようにプログラムを設計する。

バイデン政権とFRBの戦略に対する公平な描写は3番目の選択肢だろう。賛成派は4つの理由でこのプログラムを主張した。

第一に、経済の過熱が限定的になると考えたためだ。人々があまり消費しないか、あるいは潜在生産量が上記の推計値より高いためである。第二に、世界金融危機後の財政拡張はもっと大きなものであるべきであったことから、同じ過ちを繰り返してはならないためだ。第三に、過去にインフレ目標の達成が困難であったことを考えると、当面は高めのインフレが望ましいためだ。第四に、経済の過熱があったとしても、インフレと失業率の関係であるフィリップス曲線は非常にフラットであり、したがってインフレはほとんど起きないと予想されたためだ。

私を含めて様々な人が、リスクを指摘し、財政政策の方向性には同意するものの、規模を懸念した。[22]特に、パンデミック下での過剰貯蓄の積み上げにより、民間の需要がそれ自体として非常に強くなることが懸念された。もう1つの懸念は、プログラムが大幅に前倒しされており、需要が強すぎることが判明した場合でも、規模を縮小することができないことであった。したがって、経済の大幅な過熱、すなわちインフレの上昇が歴史的なフィリップス曲線の関係で示されるよりも大幅に高いものとなり、少なくともしばらくの間、FRBが意図した以上の金利引き上げによる対応を余儀なくされるリスクがあった。

この話は現時点でも継続している。ARPの可決から9カ月経過した本書の執筆時点では、状況はどうなっているのだろうか。

潜在生産量は予測より低かった。多くの労働者が仕事に復帰しておらず、労働参加率は2021年12月に61・9%であり、2020年4月の60・2%を上回るが、2020年1月の63・4%からは低下している。需要は強く、サービスと比較して財の需要が増加している。失業率

---

22 Blanchard（2021a）やSummers（2021）を参照。

図6-4　物価と賃金、コモディティー価格のインフレーション、2019年第1四半期から2021年第3四半期

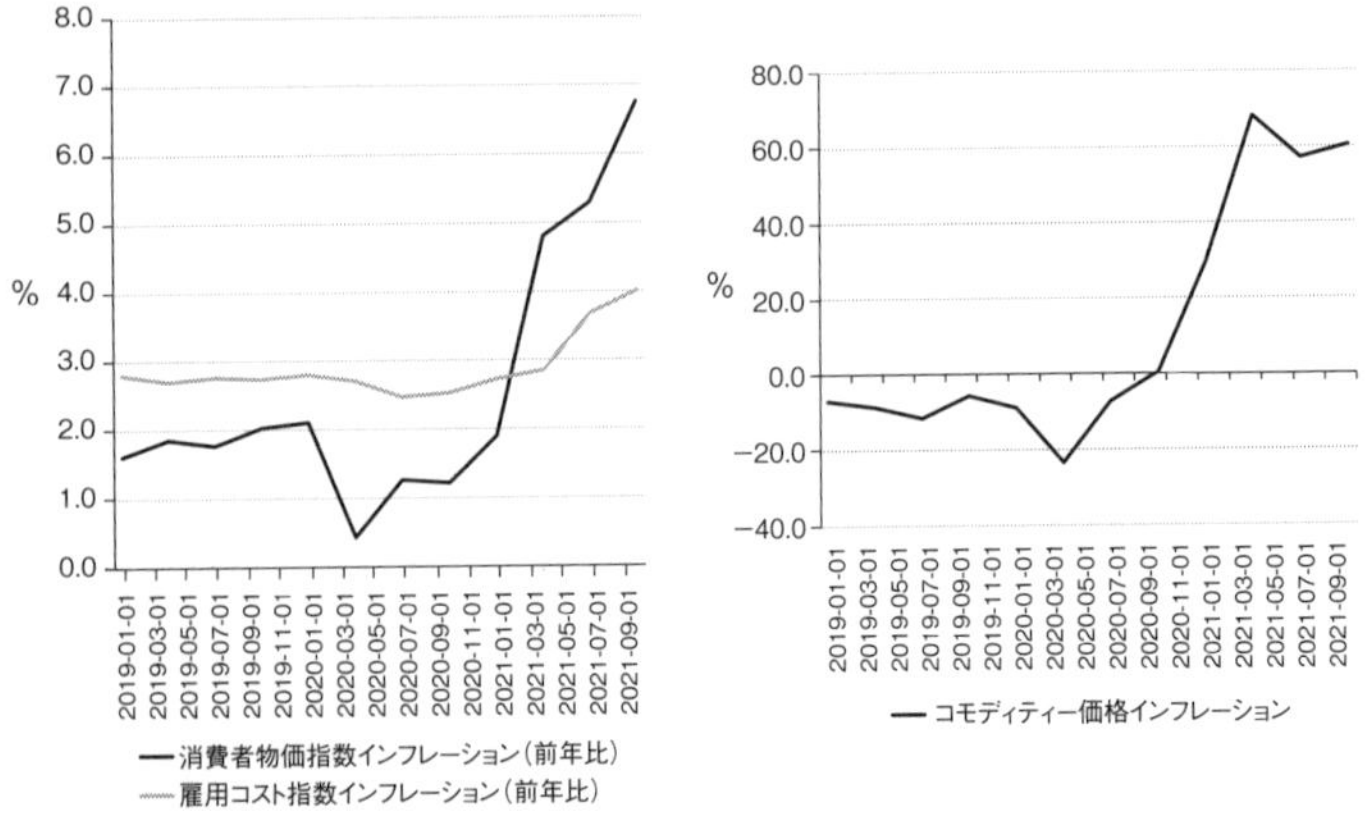

出典：消費者物価指数（CPI）、雇用コスト指数（ECI）、コモディティー価格指数をセントルイス連銀FREDより取得

は２０２０年４月の14・8％から２０２１年12月には3・9％まで低下している。失業に対する求人の多さや離職率の高さは、いずれも労働市場が逼迫していることを示す。米国の需要もあって世界の需要が旺盛なため、コモディティー価格が大幅に上昇し、生産費用も上昇している。サプライチェーンの混乱の一部はコロナによるものだが、大部分は需要の増加によるものであり、モノ不足と価格の上昇を招いている。

その結果、インフレはプログラム推進派の予測を大幅に上回っている。**図６－４**に示すように、２０２１年第３四半期の消費者物価指数のインフレ率（前年同期比）は５％を超えた。その多くはコモディティー価格の上昇によるものであり、２０２１年第３四半期における米国の世界コモディティー価格指数は前年比で60%以上上昇している。また、労働市場の逼迫により、賃金インフレが上昇しているが、今のところその上昇幅は緩やかなものに留まっている。

次に何が起こるだろうか。2つのシナリオが考えられる（コロナや他の要因による新たな大混乱が生じないという前提だ）。

第一には、労働参加率が少なくともコロナ前の水準に戻り、サプライチェーンの混乱が解消し、コモディティー価格が低水準に戻り、民間需要が弱まり、労働市場の圧力が低下するというシナリオだ。危機を経た企業組織の変化を反映して生産性の伸びが高く、賃金上昇の物価への影響が限定的なものとなる。そうなれば、FRBが政策金利を大幅に引き上げなくとも、インフレ率は自然に2%近くまで戻るかもしれない。このシナリオでは実質金利は低水準のままである。[23]

第二に、これらの条件が満たされないシナリオである。その場合、例えば、早期に退職した労働者が労働市場に戻らないため労働参加率が低水準に留まり、サプライチェーンの混乱が緩やかにしか解消されず、また、家計が積み上げた過剰貯蓄を使用するため民間需要が強いままである。労働市場は逼迫し、労働者の交渉力が強化され、物価上昇を補おうという希望と併せて

23　2021年12月時点ではFOMCの個々のメンバーの政策金利予想をプロットした、いわゆる「ドットプロット」の中央値は、2022年末に0・75%、2023年末に1・5%となっている。

賃金が急速に上昇し続ける。この場合、インフレは高止まりし、ＦＲＢは政策金利を意図した以上に引き上げざるを得ず、一定期間実質金利が大幅に上昇する可能性がある。これは、第3章の結論においてバイデン政権の景気刺激策に伴う一時的な金利上昇の可能性に言及したものである。ファンダメンタルズとしては中期的に実質金利が低水準に留まるとしても、財政政策によって当面はかなり高くなるかもしれない。このシナリオの可能性の方が最初のシナリオの可能性よりも高いと私は考えている。

この節の目的は、予測を述べることではなく、本書の財政政策の議論に照らして景気刺激策の効果について考えることだ。すなわち、財政拡張によって需要を増加させ、その結果r*が上昇して金融政策の余地が拡大し、さらにＦＲＢの側ではr*へのrの緩やかな調整により、経済の多少の過熱と一時的なインフレ上昇を許容するという組み合わせについての考察だ。私の結論としては、この戦略の意図は（それが実際に戦略であったとしても）正しいものであったが、プログラムの規模が大きすぎたため潜在的には困難な調整となっているというものだ。[24]

24　議会を通過したインフラ計画、そして、交渉が再開された場合のビルド・バック・ベター計画の残りの部分という2つのインフラ計画のマクロ経済効果についても本節では割愛する。どのような規模で、どのように財源を調達するのか、また、直接的なプラスの効果以外に、将来的な需要の維持やr*やrの上昇、実効下限制約の緩和に役立つかどうかといった点を判断するには時期尚早である。

第7章

要約と今後の課題

Summary and Open Issues

長い旅であった。本書の主な主張を10項目に要約しよう。[1]

1. 過去30年間、先進国は慢性的な民間需要の低迷、言い換えれば、巨大な貯蓄が低迷する投資を追い求める状況にあった。加えて、安全資産への需要のシフトも存在している。

2. これらの要因が相まって、生産を潜在水準に維持するために必要な安全金利である中立金利は着実に低下してきた。需要の低迷とその結果としての低水準の中立金利の状況は、「長期停滞」と呼ばれている。

3. 中立金利の低下とともに、中立金利は2つの閾値を超えた。まず、経済成長率よりも低くなった。そして、実効下限制約にも直面することもあった。このことは、財政政策に対して2つの重要なインプリケーションを有する。

4. 中立金利が低下し、特に経済成長率よりも低くなると、債務の財政面のコストが低下し、重要なことに債務の厚生面のコストも低下した。

5. 中立金利が実効下限制約によってもたらされる最低限の金利水準に近い水準、または、それよりも低水準となったため、金融政策はその余地を大幅に失い、マクロ経済の安定化に対する財政政策の活用のベネフィットが大きくなっている。

6. 断言はできないが、民間需要の低迷と安全資産への強力な需要は当面の間続くだろう。2021年の米国の財政刺激策とその結果としての経済の過熱感、インフレ率の上昇のリスクにより、米連邦準備理事会（FRB）や他の中央銀行は利上げを余儀なくされ、しばらくは金利が上昇する可能性がある。しかし、過去30年間に実質金利が着実に低下してきた根本的な要因は依然として存在しており、その後は持続的な低金利に戻る可能性が高いことが示唆される。

7. 財政政策には2つのアプローチが存在する。第一に、「純粋財政」アプローチであり、金融政策によって生産を潜在水準に維持できると考えられると想定し、もし債務が大きいとなれば、債務の縮小に焦点を当てるものだ。第二に、「機能的財政」アプローチであり、金融政策を使うことができないと想定し、代わりにマクロ経済の安定化に焦点を当てるものだ。

1　45項目の重要事項という長いリストも作成したが（Blanchard 2021b）、ここでの議論ではこの10項目で十分だ。

8．正しい財政政策は、民間需要の強さに応じてそれぞれの相対的なウェートを変化させる2つのアプローチの組み合わせだ。民間需要が強い場合には、財政政策は主に純粋財政原則を取ることができる。民間需要が弱いほど、機能的財政原則とマクロ経済の安定化に重きを置くべきだ。

9．この正しい政策の考え方から、以下のような簡単なインプリケーションが導かれる。中立金利が少なくとも実効下限制約を妥当な幅で上回り、金融政策が生産を維持するのに十分な余地を持てるように財政政策を用いるべきだ。

10．当面、先進国では債務の持続可能性の深刻なリスクはない。しかし、こうしたリスクが生じることはありうる。一方で、民間需要が非常に強力になり中立金利が大幅に上昇すれば債務の返済が増加するが、民間需要が強力であり金融政策の余地が拡大すれば、生産に悪影響を与えずに財政再建を行うこともできるだろう。他方で、民間需要がさらに低迷すれば、生産を潜在水準に維持するために政府は大幅な財政赤字を計上し、低金利にも関わらず債務比率は上昇を続けるかもしれない。そうであれば、急性の長期停滞に対応するための他の方法を考えなければならない。

表7-1　財政政策のマクロ経済の安定化の役割に関する専門家の認識

		1990年	2000年	2010年	2021年
大きな財政赤字は経済に悪影響を及ぼす	賛成	39.5	40.1	29.9	19.7
	条件付賛成	46.5	39.8	45.4	41.7
	反対	14.1	20.2	24.7	38.6
景気循環のマネジメントはFRBに任せるべきであり、積極的な財政政策は避けるべき	賛成		36.0	15.1	12.2
	条件付賛成		35.6	28.7	21.2
	反対		28.5	56.2	66.6

注：表中の数字は、各カテゴリーの回答者の割合（%）を表している。
出典：Geide-Stevenson and La Para Perez 2021

本書や本書が基礎とする多くの研究が、低金利下における財政政策によるマクロ経済の安定化の積極的な役割という方向性を示していると考えている。興味深いことに、これは専門家の認識でもあるようだ。1990年、2000年、2010年、2021年の全米経済学会の会員に対する調査では、経済問題や政策問題についての多くの質問がなされている（Geide-Stevenson and La Para Perez 2021）。財政政策のマクロ経済の安定化の役割に関連した質問への回答を**表7-1**に示しているが、積極的な財政政策の有効性と有用性という両者に関する認識は、時を経る中で明らかにポジティブなトレンドを示している。

しかし、多くの未解決の問題が存在している。金融政策に関する助言の粒度と比較して、マクロ経済の安定化のために財政政策を活用するという一般的な提言は、あまりに一般的すぎるものだ。

例えば、需要の維持のために財政拡張が必要な場合、それは支出の増加、減税、均衡財政の増加のいずれの形式を取るべきだろうか。マクロ経済の安定化のアプローチでは、乗数の大きさに着目する。純粋財政アプローチでは、支出の限界効用と税・債務の限界費用に着目する。これらの2つをどのように統合すべきだろうか。

実効下限制約がなければ、財政政策では純粋財政原則を取りながら、マクロ経済の安定化を金融政策に完全に委ねることができると暗に仮定してきた。既存の研究に示されるように、これは多くの点で明らかに間違った仮定だ。

いくつかの次元では、財政政策は生産の安定について金融政策を上回る。主な例としては自動安定化装置のオペレーションであり、金融政策よりも迅速に作用する。

金融政策は効率性の観点からは正しい手段だが[2]、財政政策には存在しない他のインプリケーションも存在する。例えば、ここ数年の資産価格の高騰が明らかにしたように、拡張的な金融政策は資産価格を上昇させて既に裕福な個人の資産を増加させることによって作用する側面もある。すべての人々が生産の増加の恩恵を受けるかもしれないが、一部の人々が他の人々よりも多くの恩恵を受ける。だが、より多くの手段を有する財政政策を活用することで、この分配効果を避けることが潜在的に可能だろう。

金融政策が生産に影響を与える経路については未だにかなり不確実である。現在の例を挙げれば、FRBがどの程度政策金利を引き上げればインフレ目標の水準までインフレを引き下げることができるかは極めて不確実だ。アナ・スタンズベリーとローレンス・サマーズ（Stansbury and Summers 2020）は、金利に対する総需要の弾力性（IS－LMモデルにおけるIS曲線の傾き）

を議論しており、この弾力性は時によって小さくなることを主張している。[3]

実効下限制約がなく、民間需要が非常に低迷している場合、中立金利、ひいては実際の金利は大幅なマイナスとなる必要があるかもしれない。しかし、超低水準の安全金利は過剰なリスクテイキングにつながり、ひいては金融不安定性を引き起こすというエビデンスがある。そうであれば、貨幣が電子貨幣に置き換わることでマイナス金利が可能となって実効下限制約が無意味となった場合であっても、財政政策を活用すべきという主張になるかもしれない。

また、緊急に取り組むべき政策課題がいくつか存在すると考えている。そのうちの2つを取り上げよう。

第一に、グリーン公共投資の財源である。地球温暖化対策が政府の直面する主要な課題の1つであることは明らかであり、マクロ経済上のインプリケーションも有する（手始めとしてPisani-Ferry 2021を参照）。リスク調整後の社会的収益率が存在するグリーン公共投資はどのようなものでも実施されるべきだと論じてきた。炭素税のようにいくつかの手段は財政収入を増加

2 標準的なケインジアン、またはニューケインジアンモデルでは、非効率性の主な要因は名目硬直性の存在であり、金利を中立金利に正しく調整することで防ぐことができるとされる。したがって、中央銀行による金利の活用は、非効率性の要因に直接対処し、是正するものである。

3 これはまさに、長期停滞と金融政策ではなく財政政策を一般的に活用するべきであるというHansen（1939）の主張の一部であった。

させるかもしれないが、分配上の悪影響を抑制するために、その収入の一部を支出するべきだ。しかし、ほとんどの対策は税か債務を財源とする必要がある。論点は、その組み合わせがどうあるべきかということだ。

第二の緊急課題は、先進国における財政政策に関する結論が新興市場国や低所得国の財政政策にどのように適用されるかということだ。それらの国々の借入金利も低下しており、低金利は債務ダイナミクスの改善を意味する。同時に、金利は先進国よりも大幅に高く、多くの国では外国の通貨で借り入れを行っており、また、規模が大きく不安定な海外投資家の基盤を有し、多くの国では財政収入はコモディティー価格に大きく依存している。これらのすべての要素は不確実性の高さと債務の持続可能性の低さにつながっている。同時に、高金利は実効下限制約が金融政策を拘束する可能性が低いことを意味する。これらの多くの国では歴史的水準からすれば高水準の債務を抱えている。本書の助言のどの程度がそれらの状況に適用されるべきかということは、緊急に答えが必要な問いだ。[4]

4　インドに関する非常に粗々の第一段階として、Blanchard, Felman, and Subramanian（2021）を参照。

訳者あとがき

本書は、Olivier Blanchard, "*Fiscal Policy under Low Interest Rates*"（2023年1月にMIT Pressより出版）をもとに、日本語に翻訳したものである。日本での出版にあたっては、著者の意向を踏まえた上で、日本語版のタイトルは『21世紀の財政政策――低金利・高債務下の正しい経済戦略』（*Fiscal Policy for The 21st Century: The Right Economic Strategy under Low Interest Rates and High Debt*）とした。

本書は、長期に及ぶ低金利、目標に到達しないインフレ、低成長（これらの状況は本書でも長期停滞［secular stagnation］として頻繁に触れられている）、そして、金融政策が実効下限制約に直面する環境下において、マクロ経済の安定化に向けて財政政策のより積極的な役割を求めるものだ。近年進められてきたマクロ経済政策の再検討において、本書が決定版となるだろう。

現在の欧米を中心としたインフレと金利上昇の中で、低金利をテーマとする本書は既に過去のものではないかという疑問を持つ読者もいるかもしれない。その点について、著者のブランシャールは過度な財政出動によるインフレを予想して警鐘を鳴らしてきた中心人物であり、卓越したマクロ経済の見通しを持つ人物であるとお伝えしたい。ブランシャールは、現在のインフレの後に長期停滞の再来を予測している。[1] つまり、本書は、今般のインフレも踏まえて、今後のマクロ経済政策の基盤となる知識を提供するものだ。

ブランシャールが「はじめに」で述べるように、本書の主な対象読者は政策立案者であり、また、経済学で世界最高峰のマサチューセッツ工科大学（ＭＩＴ）の教授、国際通貨基金（ＩＭＦ）の元チーフエコノミスト、ワシントンのシンクタンクという著者のバックグラウンドから経済の専門家や経済学を学ぶ学生にも関心が高い内容だろう。しかし、マクロ経済政策はみんなに関係するものであることから、一般向けの書籍でもあると言えるだろう。

経済は難しい。ニュースを見てもよくわからないし、最近でもアベノミクス、ＦＴＰＬ、ＭＭＴなどバズワードが並んできた。一方で、日本は財政破綻すると長年言われてきたがその兆候は見られない。でも、日本経済は良くなっていないし、これから先の日本が不安だ。そんな中で、今後日本のマクロ経済政策はどのようにしたらよいのだろうか。そのように感じる中で本書を手に取った方も多いのではないかと思う。

本書はこのような疑問にも答えており、著者の知見と幅広い経験を基に財政政策を一般向けに解説するものであり、日本の幅広い読者にお勧めしたい。本書の中には数式も数多く見られるが、（r－g）＜0、つまり経済成長率が金利を上回る状況とそのインプリケーションを把握できれば、それ以外の数式は読み飛ばしても全体の流れを理解できる。

著者オリヴィエ・ブランシャールについて

オリヴィエ・ブランシャールは、フランス生まれの経済学者である。現在ワシントンDCのシンクタンク、ピーターソン国際経済研究所（PIIE : Peterson Institute for International Economics）のC・フレッド・バーグステン・シニアフェローを務め、MITのロバート・ソロー経済学名誉教授である。

PIIE以前はIMFのチーフエコノミストを2008年から7年の長きに渡って担当し（まさに世界金融危機からユーロ危機の時期に当たる）、その退任時にはワシントン・ポストのコラムにおいて「みんなが知らない最もスマートな経済学者」[2]とも評された。IMFに移る以前はMIT経済学部の教授を長年務め、多くの業績を挙げた。その以前は、ハーバード大学でも教鞭を取った。

1 Olivier Blanchard. 2023. "Secular stagnation is not over." Realtime Economic Issues Watch Blog, Peterson Institute for International Economics.

2 Steven Pearlstein, "The smartest economist you've never heard of," October 3, 2015, *Washington Post.*

ブランシャールの専門分野はマクロ経済学である。大学学部向けの教科書、大学院向け教科書（スタンレー・フィッシャーとの共著）は広く用いられており、日本語にも翻訳されている。専門論文のテーマは多岐にわたっており、独占競争とマクロ経済、失業の長期化が供給力の低下を生み出す履歴効果、本書の主要な論点の1つである財政の持続可能性など、多くのトピックについて顕著な業績がある。さらに、理論、実証、現実への応用のように、万能な経済学者であることがブランシャールの強みだろう。それがIMFのチーフエコノミストとして長年活躍し、実際の政策に対しても多大な影響力を有している理由だろう。

ブランシャールのIMF時代、IMFという組織自体にも大きな変化が見られるようになった。ワシントン・ポストのコラムでも触れられているように、ブランシャールの存在がIMFによる世界の見方を変え、世界がIMFへの見方を変えたと評されることもある。その変化の一例として、本書の第6章の**図6-1**に示されているG20とIMFの姿勢を比較したグラフに衝撃を受けた読者も多いのではないだろうか。世界金融危機からユーロ危機やギリシャ危機を経て、緊縮財政が実施されていく時代においてIMFのスタンスが大きく変化していったのだ。

IMFは多数のエコノミストを抱える組織だが、IMFの研究活動に関してもブランシャールの時代に変化が見られた。ブランシャール本人がインフレ目標を4%に引き上げる提案を行うこともあったが、本書でも触れている財政再建の影響のように、現実の意思決定に求められるテーマ、そして、インパクトのある分析がIMFのエコノミストから多く示されてきた。
ブランシャールはIMFを離れた後の近年も積極的な政策への関与を行っている。PIIEからの政策提言はもとより、フランスのマクロン大統領から委嘱され、同郷のノーベル経済学賞受賞者ジャン・ティロールとともに格差や気候変動、人口問題への対処策の提言を2021年の夏に取りまとめた。経済学と政策の接点において活動をしてきた知の巨人ならではの活動だ。[3]
また、ブランシャールの特筆すべき点には教え子の幅広さがある。経済学者のデータベースによれば、教え子の業績は世界で2番目の多さである。[4]日本からの出身者についても伊藤隆敏教授や林文夫教授、清滝信宏教授、星岳雄教授のように世界的な経済学者を輩出している。[5]さらに、教え子に留まらず世界中の経済学者たちから尊敬を集めていることが「はじめに」の謝辞に見られる名前の多さからもうかがえる。

3 Olivier Blanchard and Jean Tirole. 2021. *Major Future Economic Challenges*, France Stratégie.
4 Top 5% Authors, Record of graduates, as of December 2022, RePEc/IDEAS rankings.
5 ブランシャールのCV（履歴書）より

マクロ経済政策の再検討

ブランシャールはマクロ経済政策の再検討について近年積極的に取り組んでいる。IMFやPIIEの場から提言を発信し、カンファレンスを開催し、政策立案者や公衆にも提案し、そして、政策形成に関与する。そのマクロ経済政策の再検討の流れを紹介しよう。本書はそのマクロ経済政策の再検討を基盤とするものだ。

世界金融危機とそれに伴う大不況を踏まえて、それまでのマクロ経済政策が正しかったのかという反省が広がった。ブランシャール自身、2008年の8月に"The state of macro is good"(マクロの状況は良好だ)と論文に記していた。[6] その翌月に起こったことは、投資銀行リーマン・ブラザーズの破綻であり、100年に一度と言われる規模の世界金融危機であった。しかし、この危機を多くのマクロ経済学者や政策立案者は事前に予測することができず、もしくは、危機を予想した言葉は見過ごされていたことが明らかになった。

ブランシャールの論文はマクロ経済運営が良いと述べるよりも主にマクロ経済学の方法論の収斂について述べたものであったが、金融セクターの複雑さやそれらの危機の可能性には触れられていなかった。プリンストン大学のポール・クルーグマンがニューヨーク・タイムズのコラムで批判したように、[7] マクロ経済政策は再考を迫られていた。

その後、ブランシャールが中心となって進めてきたものがマクロ経済政策の再検討である。まず、2010年にブランシャールはIMFのエコノミストとともに"Rethinking Macroeconomic

Policy"（マクロ経済政策の再検討）というタイトルの論文を公表した。[8] 世界金融危機以前は、インフレの安定と着実な経済成長から大いなる安定（The Great Moderation）を経験していた。政策目標はインフレの安定や低失業率であり、目標達成のための主な政策手段は金利、つまり金融政策であるとされていた。しかし、インフレの安定にも関わらず経済危機は起こり得ることを世界金融危機が示した。そして、金融システムや財政政策の役割を見直すべきことが再認識された。また、ゼロ金利制約が存在することも理由として、インフレ目標を4％に引き上げることも提案した。

それから、財政政策や金融政策、金融システムの重要性、国際的な資本移動など様々な論点をテーマとして、2011年以降にIMFやPIIEを舞台としてRethinking Macroeconomic Policyカンファレンスが開催されてきた。ブランシャールは2011年に初回のカンファレンスをジョセフ・スティグリッツらとともに主催し、その後は2013年、2015年、2017年、2019年とこれまでに5回のカンファレンスが開催されている。

この中で浮上してきたものが長期停滞のリスクであり、低水準の中立金利という世界経済の

6 Olivier Blanchard. 2008. "The State of Macro." NBER Working Papers 14259.
7 Paul Krugman "How Did Economists Get It So Wrong?" *New York Times Magazine*. Sep. 2. 2009.
8 Olivier Blanchard, Giovanni Dell'Ariccia, and Paolo Mauro. 2010. "Rethinking Macroeconomic Policy." IMF Staff Position Note.

状況だ。金融政策によるマクロ経済の安定化やインフレ目標の達成が困難になる中で、マクロ経済の安定化の手段として財政政策の重要性が再認識されてきた。財政政策と金融政策の協調のあり方が論点に上がることもあった。

2019年のカンファレンスは格差をテーマとしたものであり、マクロ経済、政治哲学、イノベーション、貿易など、様々な分野のエキスパートが集まって議論が行われた。その成果は日本でも『格差と闘え』（慶應義塾大学出版会）として邦訳が出版されている。

このようなカンファレンスの概要や論文・書籍などの成果物は、インターネット上で動画や文書が閲覧可能であり、マクロ経済政策の再検討がどのように進んできたかを知ることができる（例えば、“Rethinking macro + PIIE”でインターネットを検索してほしい）。

本書の意義

本書はこのマクロ経済政策の再検討の成果であり、ブランシャール自身の進化の成果である。本書の意義を説明するために、2019年の全米経済学会におけるブランシャール会長講演を紹介しよう。

毎年初めに開催される全米経済学会では会長の基調講演が行われる。2019年の会長講演を行ったのは本書の著者であるブランシャールであった。そのタイトルは、“Public Debt and Low Interest Rates”（公的債務と低金利）。本書を読まれた方はたびたび目にした経済成長率が金利を上回る状況、数式で示すと（r－g）＜0の状況における経済分析、そして、マクロ経済政策のあり方を問う内容であった。財政面でも厚生面でも債務のコストは小さい。債務を愛する必要は無いが、債務をどのように使うかを学ぶべきだと世界に問う内容であった。

ＩＭＦの頭文字をとって、"It's Mostly Fiscal"（財政再建ばっかり）と揶揄されることのある組織でチーフエコノミストとして活躍した人物が、現在の長期停滞の状況では財政政策を活用すべきだと主張したことで、学会の場での基調講演にも関わらず政策立案者や報道にも大きく取り上げられ、世界中で反響を呼ぶこととなった。

本書は、マクロ経済政策の再検討の流れを踏まえて、この講演を歴史的、理論的、そして、実践に向けたインプリケーションとして発展させているものだ。経済が長期停滞に直面し、金融政策は実効下限制約という限界にある。そして、公的債務の水準は上昇してきたが低金利は継続している。その中で、マクロ経済政策の選択はいかにあるべきか。これまで財政赤字の活用は悪であると考えられてきたが、低金利下では理論的・実証的にも債務の財政面・厚生面のコストは大きくなく、金融政策が拘束される長期停滞のマクロ経済環境では財政政策がマクロ経済安定化の役割を担うべきというものだ。

世界金融危機の前は、インフレ安定化と失業（または需給ギャップ）の縮小という「神の偶然性」のもとで短期金利の調整、つまり金融政策がマクロ経済安定化を担うべきだと幅広く考えられていた。だが、実際はそうではなく、低金利で金融政策が実効下限制約に直面する長期停滞の状況では、マクロ経済安定化には財政政策が活用されるべきだとブランシャールは主張する。

歴史的な観点では、大恐慌という危機後の1930年代以降のケインズ政策、スタグフレーションという危機後の1970年代以降の金融政策や新自由主義のように、危機を通じて政策に求められるものが変化してきた。現在は、マクロ経済の大いなる安定から世界金融危機後・コロナ危機後の世界へと移行する過程にある。現在の危機は、マクロ経済政策の新時代に突入する局面にあると解釈することもできるだろう。

さらに、マクロ経済政策にとどまらず様々な経済課題に関しても同様だ。世界各地で格差や気候変動などについて関心が高まっている状況だ。危機を踏まえて経済政策は進化してきたが、現在も新しいパラダイムが生まれる瞬間かもしれない。その1つの現われが格差をテーマとした2019年のマクロ経済政策の再検討カンファレンスであり、また、マクロ安定化政策においてパラダイムシフトを求めるものが本書だと位置づけることもできるだろう。

本書では政策への直接のインプリケーションを有する具体的な論点についても触れられている。金利が上昇したらどうするのか（中央銀行が対処できる場合もあれば、そうでない場合もある）、インフレ目標は2％であるべきか（もっと上げるべきだ）、日本の債務は安全なのか（本書を読んだ後、その答えは読者自身で検討できるようになるだろう）。想定される反論や幅広い不確実性についても丁寧に議論が行われており、結論はこれまでの常識に反するように見えることもあるかもしれないが、それには根拠がある。そして、長期停滞の状況では財政政策を使うべきだと説得する。経済学は現実の世界を良くするための学問であることを実感する内容だ。

現在進行するインフレや長期停滞の展望と本書との関係

現在、米国や欧州を中心にインフレが上昇し、米連邦準備理事会（FRB）や多くの中央銀行は利上げを行っている。そこで、読者は低金利の時代における財政政策の議論はすでに過去のものではないかという疑問を持つかもしれない。本書の第6章第3節において、「バイデンの賭け」として描かれているように、現在のインフレはブランシャールの分析からすれば起こるべくして起こったものだ。実際に、インフレが加速する前の2021年の2月の段階で、ブランシャール自身はインフレに関する懸念を表明していた。[9] 財政出動が大規模過ぎることで経済の過熱をもたらし、インフレが発生すると推計していた。

現在のインフレには、ブランシャールが予想していた財政による要因だけではなく、サプライチェーンやロシアによるウクライナへの侵攻といった要因も寄与しているが、この状況では、中立金利が上昇して長期停滞の懸念が消失するのだろうか。

9　Olivier Blanchard. 2021. "In defense of concerns over the $1.9 trillion relief plan" Realtime Economics Issues Watch blog, Peterson Institute for International Economics. February 18, 2021.

このような疑問に対して、高確率で長期停滞の世界に戻るとブランシャールは述べている。[10] 1980年代半ばから生じていた長期停滞の圧力は、現在のインフレという一過性の出来事でも概ね変化しない。唯一の例外は、気候変動への対応に必要なグリーン投資の増加を行った場合の投資の増加だろう。それ自体で望ましいというだけでなく、コロナ危機前と比べて高めの中立金利をもたらす可能性がある。このように考えると、これからの世界はブランシャールが想定する世界になりそうな確率が高く（もちろん現在のように一時的にその経路を外れることは起こり得るだろう）、そうであれば、現在のインフレが落ち着いた後にも、本書の重要性が増すことはあっても減ることはない。

本書の日本へのインプリケーション

本書の問題関心の1つには日本が存在する。また、長期停滞の関心の1つにも日本が存在する。

日本では高債務にも関わらず金利は低下し、他方で、低成長は長期化している。債務の爆発の懸念が長年叫ばれてきたが、金利が急激に上昇することは見られていない。その中で、経済成長率が金利を上回る状況が他の先進国同様に出現している。

ブランシャールによる日本の財政政策の評価については第6章第2節に詳しく記述されており、また、「日本語版への序文」は日本の読者に向けた書き下ろしとなっている。当然ながら、高債務は望ましいものではない。しかし、需要が低迷し、民間貯蓄が拡大する中で余儀なくされたものであり、債務の活用は避けがたいものであっただろう。危機の可能性をなくすほどの安全な水準まで債務をすぐに低下させることができない以上、債務と適切に付き合っていく必要がある。本書の中で、純粋財政アプローチと機能的財政アプローチが対比されていたように、重要なことはバランスだ。

ブランシャールと訳者の共同研究について

ここで、訳者の個人的な経験にも多少触れたい。

訳者は、オリヴィエ（ファーストネームで呼ぼう）とはPIIEの同僚である。訳者は2018年の夏から1年間ワシントンDCのオフィスで勤務し、現在はノンレジデントシニアフェローとして東京からPIIEに参画している。ワシントン在住時にオリヴィエと共通の問題関心を有することを発見したのだが、その問題関心とは、経済成長率が金利を上回る状況、そして、ゼロ金利制約下における経済政策のあり方である。まさに、本書の中心テーマだ。日本においてその環境が出現していたことに注目していた訳者と、先に触れた全米経済学会の会長講演に関

---

10 Martin Wolf. 2022. "Olivier Blanchard: 'There's a tendency for markets to focus on the present and extrapolate it forever.'" May 26, 2022. *Financial Times*.

連して経済成長率が金利を上回る状況を研究していたオリヴィエという、双方の関心が一致するタイミングであった。

その成果の一部が、本書でも触れられている"Fiscal Policy Options for Japan"(PIIE Policy Brief)であり、その後の展開も含めて、オリヴィエによる本書の第6章第2節の日本に関する記述につながっている。

オリヴィエとの共同研究を通じて実感したことは、妥協せず、そして、惰性を許さず、1つひとつ厳格に議論を積み上げるスタイルであり、非常に要求の高い、しかし、若い同僚も含めて世話をし、周囲の人たちや世界を助けたいと心から考えている優しいオリヴィエの人柄だった。シンクタンクであるPIIEの環境は、政策提案に関する積極的なインタラクションを促すものである。思いと専門性を有する人材が集まり、現実における重要性が高いトピックを選びながら、激しい政策提案合戦を日々行っている。現在では、所長のアダム・ポーゼンやオリヴィエを筆頭に、ボードメンバーのローレンス・サマーズらがPIIEに所属しており、長期停滞をテーマとする政策提案を生み出す一大拠点となっている。

本書は、マクロ経済学のこれまでの蓄積と最先端の知見や近年のマクロ経済政策の再検討の成果、そして、先進国を中心とした世界各地のマクロ経済の歴史と現在地を踏まえ、未来を展望しながら平易な言葉で語られており論理展開も明瞭である。現実の動きを捉えながら経済学を活用してインプリケーションを引き出す姿勢を学ぶことができ、読者自身も実際にこの考え方を現実に適用したいと考えるようになるはずだ。本書を踏まえ、日本のマクロ経済に関する論争が活発化し、日本が長期停滞を克服する一助となることを願っている。

最後に、本書の著者のオリヴィエ・ブランシャール氏、アダム・ポーゼン所長をはじめとしたPIIEの同僚たち、本書の日本語版の出版に尽力頂いた日経BPの野澤靖宏氏、宮崎志乃氏に御礼申し上げる。

尚、この訳者あとがきは個人の見解であり、所属する組織の見解を示すものではないことを申し添えたい。

2023年2月　東京にて

田代毅

Harvard University Working Paper.
- Summers, Lawrence. 1990. "What is the social return to capital investment?" In *Growth, Productivity, and Unemployment, Essays in Honor of Robert Solow, edited by Peter Diamond, 113–141. Cambridge*, MA: MIT Press.
- Summers, Lawrence. 2014. "Reflections on the new secular stagnation hypothesis." In *Secular Stagnation: Facts, Causes and Cures*, edited by C. Teulings and R. Baldwin, 27–38. London: CEPR.
- Summers, Lawrence. 2016. "Secular stagnation and monetary policy." *Federal Reserve Bank of Saint Louis Review* 98 (2): 93–110.
- Summers, Lawrence. 2021. "The Biden stimulus is admirably ambitious. But it brings some big risks, too." *Washington Post*, February 4.
- Timbeau, Xavier, Elliot Aurissergues, and Éric Heyer. 2021. "Public debt in the 21st century: Analyzing public debt dynamics with debtwatch." OFCE Policy Brief, October.
- Ubide, Angel. 2017. *The Paradox of Risk: Leaving the Monetary Policy Comfort Zone*. Washington, DC: Peterson Institute for International Economics.
- Von Weizsacker, Carl Christian, and Hagen Kramer. 2021. *Saving and Investment in the Twenty-First century: The Great Divergence*. Cham, Switzerland: Springer.
- Wicksell, Knut. 1936. *Interest and Prices*. Translation by R. F. Kahn of the 1898 edition. London: Macmillan.（ウィクセル『利子と物価（近代経済学古典選集 7）』北野熊喜男、服部新一訳、北野熊喜男改訳、日本経済評論社、2004 年）
- Woodford, Michael. 1990. "Public debt as private liquidity." *American Economic Review Papers and Proceedings* 80 (2): 382–388.
- Zenios, Stavros, Andrea Consiglio, Marialena Athanasopoulou, Edmund Moshammer, Angel Gavilan, and Aitor Erce. 2021. "Risk management for sustainable sovereign debt financing." *Operations Research* 69 (3): 755–773.

implications will be significant." PIIE Policy Brief 21-20, August.
- Platzer, Josef, and Marcel Peruffo. 2021. "Secular drivers of the natural rate of interest in the United States." Brown University Working Paper, April.
- Posen, Adam. 1999. "Implementing Japanese recovery." PIIE Policy Brief 99-1, January.
- Rachel, Łukasz, and Lawrence Summers. 2019. "On secular stagnation in the industrialized world." NBER Working Paper 26198, August.
- Ramey, Valerie. 2019. "Ten years after the financial crisis: What have we learned from the renaissance in fiscal research? *Journal of Economic Perspectives* 33 (2): 89–114.
- Reis, Ricardo. 2020. "The constraint on public debt when r < g but g > m." London School of Economics Working Paper, December.
- Reis, Ricardo. 2022. "The fiscal revenue from public borrowing." London School of Economics Working Paper, January.
- Rogoff, Kenneth. 2017. *The Curse of Cash: How Large-Denomination Bills Aid Crime and Tax Evasion and Constrain Monetary Policy*. Princeton, NJ: Princeton University Press.（ケネス・S・ロゴフ『現金の呪い——紙幣をいつ廃止するか？』村井章子訳、日経 BP、2017 年）
- Romer, David. 2012. *Macroeconomics*. New York: McGraw-Hill.
- Romer, David, and Christina Romer. 2019. "Fiscal space and the aftermath of financial crises: How it matters and why." *Brookings Papers on Economic Activity* (Spring): 239– 331.
- Schmelzing, Paul. 2020. "Eight centuries of global real interest rates, R-G, and the 'suprasecular' decline, 1311–2018." Bank of England Staff Working Paper 845.
- Schnabel, Isabel. 2021. "Unconventional fiscal and monetary policy at the zero lower bound." Speech at the Third Annual Conference of the European Fiscal Board, Frankfurt am Main, February 26.
- Springel, Katalin. 2021. "Network externality and subsidy structure in two-sided markets: Evidence from electric vehicle incentives." *American Economic Journal: Economic Policy* 13 (4): 393–432.
- Standard and Poor's. 2019. How We Rate Sovereigns.
- Stansbury, Anna, and Lawrence Summers. 2020. "The end of the golden age of banking? Secular stagnation is about more than the zero lower bound."

- Luo, Kevin, Tomoko Kinusaga, and Kai Kajitani. 2020. "Dynamic efficiency in world economy." *Prague Economic Papers* 29 (5): 522–544.
- Maravalle, Alessandro, and Łukasz Rawdanowicz. 2020. "How effective are automatic stabilizers in the OECD countries?" OECD Economics Department Working Paper 1635, December.
- Martin, Philippe, Jean Pisani-Ferry, and Xavier Ragot. 2021. "Reforming the European fiscal framework." *Les notes du conseil d'analyse économique* 63 (April).
- Maruyama, Toshitaka, and Kenji Suganuma. 2019. "Inflation expectations curve in Japan." Bank of Japan Working Paper Series 19-E-6, April.（菅沼健司、丸山聡崇「日本のインフレ予想カーブの推計」、日本銀行ワーキングペーパーシリーズ、No.19-J-2、2019 年）
- Masuch, Klaus. 2021. "Monetary, fiscal and financial policy interactions: Conceptual and policy considerations." ECB Working Paper.
- Mauro, Paolo, and Jing Zhou. 2021. "r − g<0: Can we sleep more soundly?" *IMF Economic Review* (January 2021): 197–229.
- Mehra, Rajnish, and Edward Prescott. 1985. "The equity premium: A puzzle." *Journal of Monetary Economics* 15 (2): 146–161.
- Mian, Atif, Ludwig Straub, and Amir Sufi. 2021a. "A goldilocks theory of fiscal policy." Unpublished manuscript, Princeton University, August.
- Mian, Atif, Ludwig Straub, and Amir Sufi. 2021b. "What explains the decline in r* ? Rising income inequality versus demographic shifts." Paper prepared for the Jackson Hole Economic Symposium, August.
- Michau, Jean-Baptiste. 2020. "Fiscal policy under secular stagnation: An optimal pump priming strategy." Unpublished working paper, December.
- Obstfeld, Maurice. 2020. "Global dimensions of US monetary policy." *International Journal of Central Banking* (February): 73–132.
- Pethe, Jean-Baptiste. 2021. "The case for higher equilibrium interest rates." *Exane BNP Paribas Economics Research*, August 2021.
- Phelps, Edmund. 1961. "The golden rule of accumulation: A fable for growthmen." *American Economic Review* 51 (4): 638–643.
- Piketty, Thomas. 2014. *Capital in the Twenty-First Century*. Cambridge, MA: Harvard University Press.（トマ・ピケティ『21 世紀の資本』山形浩生訳、みすず書房、2014 年）
- Pisani-Ferry, Jean. 2021. "Climate policy is macroeconomic policy, and the

・Hellwig, Martin. 2021. “Safe assets, risky assets, and dynamic inefficiency in overlapping generations economies.” Max Planck Institute Working Paper, May.
・Holmström, Bengt, and Jean Tirole. 1998. “Private and public supply of liquidity.” *Journal of Political Economy* 106 (1): 1–40.
・International Energy Agency. 2021. *Net Zero by 2050: A Roadmap for the Global Energy Sector*. Paris: IEA.
・International Monetary Fund. 2021. “Review of the debt sustainability framework for market access countries.” IMF Policy Paper, January.
・Irish Fiscal Advisory Council. 2021. *Fiscal Assessment Report, May*. Dublin: Irish Fiscal Advisory Council.
・Ito, Takatoshi, and Takeo Hoshi. 2020. *The Japanese Economy*. 2nd ed. Cambridge, MA: MIT Press.（伊藤隆敏、星岳雄『日本経済論』祝迫得夫、原田喜美枝訳、東洋経済新報社、2023 年）
・Kiley, Michael. 2020. “The global equilibrium real interest rate: Concepts, estimates, and challenges.” *Annual Review of Financial Economics* 12 (1): 305–226.
・Kocherlakota, Narayana. 2021. “Public debt bubbles in heterogenous agent models with tail risk.” NBER Working Paper 29138, August.
・Krishnamurthy, Arvind, and Annette Vissing-Jorgensen. 2012. “The aggregate demand for treasury debt.” *Journal of Political Economy* 120 (2): 233–267.
・Krugman, Paul. 1998. “It’s baaack: Japan’s slump and the return of the liquidity trap.” *Brookings Papers on Economic Activity* 2: 137–205.（ポール・クルーグマン「復活だぁっ！日本の不況と流動性トラップの逆襲」、ポール・クルーグマン『クルーグマン教授の経済入門』山形浩生訳、筑摩書房、2009 年所収）
・Laubach, Thomas, and John Williams. 2003. “Measuring the natural rate of interest.” *Review of Economics and Statistics* 85 (4): 1063–1070.
・Leigh, Daniel, Pete Devries, Charles Freedman, Jaime Guajardo, Douglas Laxton, and Andrea Pescatori. 2010. “Will it hurt? Macroeconomic effects of fiscal consolidation.” *World Economic Outlook* (October): 93–124.
・Lerner, Abba. 1943. “Functional finance and the federal debt.” *Social Research* 10 (1): 38–51.
・Lorenzoni, Guido, and Ivan Werning. 2019. “Slow moving debt crises.” *American Economic Review* 109 (9): 3229–3263.
・Lunsford, Kurt, and Kenneth West. 2019. “Some evidence on secular drivers of US safe real rates.” *American Economic Journal: Macroeconomics* 11 (4): 113–139.

- Favero, Carlo, Arie Gozluklu, and Andrea Tamoni. 2011. "Demographic trends, the dividend price ratio, and the predictability of long-run stock market returns." *Journal of Financial and Quantitative Analysis* (October): 1493–1520.
- Furman, Jason, and Lawrence Summers. 2020. "A reconsideration of fiscal policy in the era of low interest rates." Harvard University Working Paper, November.
- Geerolf, François. 2018. "Reassessing dynamic efficiency." UCLA Working Paper, September.
- Geide-Stevenson, Doris, and Alvaro La Para Perez. 2021. "Consensus among economists 2020: A sharpening of the picture." Weber State University Working Paper, December.
- Giavazzi, Francesco, and Marco Pagano. 1990. "Can severe fiscal contractions be expansionary? Tales of two small European countries." *NBER Macroeconomics Annual* 5: 75–122.
- Goode, Ethan, Zheng Liu, and Thuy Lan Nguyen. 2021. "Fiscal multiplier at the zero lower bound in Japan." *Federal Reserve Bank of San Francisco Economic Letter*, May.
- Goodhart, Charles, and Manoj Pradhan. 2020. *The Great Demographic Reversal: Ageing Societies, Waning Inequality, and an Inflation Revival*. Cham, Switzerland: Springer.（チャールズ・グッドハート，マノジ・プラダン『人口大逆転――高齢化、インフレの再来、不平等の縮小』澁谷浩訳、日本経済新聞出版、2022年）
- Gordon, Robert. 2016. *The Rise and Fall of American Growth: The US Standard of Living since the Civil War*. Princeton, NJ: Princeton University Press.（ロバート・J・ゴードン『アメリカ経済――成長の終焉』上・下、高遠裕子、山岡由美訳、日経BP、2018年）
- Greenwood, Robin, Samuel Hanson, Joshua Rudolph, and Lawrence Summers. 2014. "Government debt management at the zero lower bound." Hutchins Center on Fiscal and Monetary Policy Working Paper 5, September.
- Gutierrez, German, and Thomas Philippon. 2017. "Declining competition and investment in the US." NBER Working Paper 23583.
- Hansen, Alvin. 1939. "Economic progress and declining population growth." *American Economic Review* 29:1–15.
- Haskel, Jonathan. 2020. "Monetary policy in the intangible economy." *Bank of England*, February.

・Brumm, Johannes, Xiangyu Feng, Laurence Kotlikoff, and Felix Kubler. 2021. "Deficit follies." NBER Working Paper 28952 June.
・Brynjolfsson, Erik, and Andrew McAfee. 2014. *The Second Machine Age: Work, Progress, and Prosperity in a Time of Brilliant Technologies*. New York: W.W. Norton.（エリック・ブリニョルフソン / アンドリュー・マカフィー『ザ・セカンド・マシン・エイジ』村井章子訳、日経 BP、2015 年）
・Buti, Marco. 2021. *The Man Inside: A European Journey through Two Crises*. Milan: Bocconi University Press.
・Caballero, Ricardo, Emmanuel Farhi, and Pierre-Olivier Gourinchas. 2017. "The safe asset shortage conundrum." *Journal of Economic Perspectives* 31 (3): 29–46.
・Cochrane, John. 2022. *The Fiscal Theory of the Price Level*. Princeton, NJ: Princeton University Press.
・Council of Economic Advisers. 2014. Economic Report of the President. Chapter 3. Washington, DC: US Government Printing Office.
・Council of Economic Advisers. 2016. "A retrospective assessment of clean energy investment in the Recovery Act," February.
・Dechezleprêtre, Antoine, Ralf Martin, and Myra Mohnen. 2017. "Knowledge spillovers from clean and dirty technologies." Grantham Research Institute on Climate Change and the Environment Working Paper 135, October.
・Del Negro, Marco, Domenico Giannone, Marco Giannoni MP, and Andrea Tambalotti. 2019. "Global trends in interest rates." *Journal of International Economics* 118: 248–262.
・DeLong, Brad, and Lawrence Summers. 2012. "Fiscal policy in a depressed economy." *Brookings Papers on Economic Activity* (Spring): 233–297.
・Diamond, Peter. 1965. "National debt in a neoclassical growth model." *American Economic Review* 55 (5): 1126–1150.
・Eggertson, Gauti, Neil Mehrotra, and Jacob Robbins. 2019. "A model of secular stagnation; Theory and quantitative evaluation." *American Economic Review* 11 (1): 1–48.
・Farhi, Emmanuel, and François Gourio. 2019. "Accounting for macro-finance trends: Market power, intangibles, and risk premia." NBER Working Paper 25282, February.
・Farhi, Emmanuel, and Jean Tirole. 2012. "Bubbly liquidity." *Review of Economic Studies* 79:678–706.

Economic Review 109 (4): 1197–1229.
・Blanchard, Olivier. 2021a. "In defense of concerns over the $1.9 trillion relief plan." *Peterson Institute for International Economics*, February.
・Blanchard, Olivier. 2021b. "Why low interest rates force us to revisit the scope and role of fiscal policy: 45 takeaways." *Realtime Economic Issues Watch* (blog), *Peterson Institute for International Economics*, December.
・Blanchard, Olivier, Josh Felman, and Arvind Subramanian. 2021."Does the new fiscal consensus in advanced economies travel to emerging markets?" PIIE Policy Brief 21-7, March.
・Blanchard, Olivier, and Jordi Gali. 2007. "Real wage rigidities and the New Keynesian model." *Journal of Money, Credit and Banking* 39 (1): 35–65.
・Blanchard, Olivier, Michael Kister, and Gonzalo Huertas. 2021. "Notes on debt limits, uncertainty, and sudden stops." Unpublished manuscript, work in progress.
・Blanchard, Olivier, Alvaro Leandro, and Jeromin Zettelmeyer. 2021. "Redesigning fiscal EU rules. From rules to standards." *Economic Policy* 36 (106): 195–236.
・Blanchard, Olivier, and Daniel Leigh. 2013. "Growth forecast errors and fiscal multipliers." *American Economic Review* 103 (3): 117–120.
・Blanchard, Olivier, and Lawrence Summers. 2020. "Automatic stabilizers in a low rate environment." *American Economic Review Papers and Proceedings* 110: 125–130.
・Blanchard, Olivier, and Takeshi Tashiro. 2019. "Fiscal policy options for Japan." PIIE Policy Brief 19-7, May 2019.（「日本の財政政策の選択肢」、PIIE Policy Brief 19-7、2019 年 5 月）
・Bohn, Henning. 1998. "The behavior of US public debt and deficits." *Quarterly Journal of Economics* 113: 949–963.
・Bomfim, Antulio. 1997. "The equilibrium Fed funds rate and the indicator properties of term-structure spreads." *Economic Inquiry* 35 (October): 830–846.
・Borio, Claudio, Piti Disyatat, and Phurichai Rungcharoenkitkul. 2019. "What anchors for the natural rate of interest?" BIS Working Paper 777 March.
・Boushey, Heather, Ryan Nunn, and Jay Shambaugh. 2019. "Recession ready: Fiscal policies to stabilize the American economy." *The Hamilton Project, Brookings Institution*, May 16.

Thought 23 (6): 946–970.

- Ball, Laurence, and N. Greg Mankiw. 2021. "Market power in neoclassical growth models." NBER Working Paper 28538.
- Barro, Robert. 1974. "Are government bonds net wealth?" *Journal of Political Economy* 82 (6): 1095–1117.
- Barro, Robert. 2021. "r minus g." Unpublished manuscript, Harvard University, August.
- Barro, Robert, and Jose Ursua. 2011. "Rare macroeconomic disasters." Harvard Department of Economics Working Paper, August.
- Batini, Nicoletta, Mario Di Serio, Mattero Fragetta, Giovanni Melina, and Anthony Waldron. 2021. "Building back better: How big are green spending multipliers?" IMF Working Paper.
- Benartzi Shlomo, and Richard Thaler. 1995. "Myopic loss aversion and the equity premium puzzle." *Quarterly Journal of Economics* 110 (1): 73–92.
- Bénassy-Quéré, Agnes, Markus Brunnermeier, Henrik Enderlein, Emmanuel Farhi, Marcel Fratzscher, Clemens Fuest, Pierre-Olivier Gourinchas, Philippe Martin, Jean Pisani-Ferry, Helene Rey, Isabel Schnabel, Nicolas Véron, Beatrice Weder di Mauro, and Jeromin Zettelmeyer. 2018. "Reconciling risk sharing with market discipline: A constructive approach to Euro Area reform." *CEPR Policy Insight No. 91*, January.
- Bernanke, Ben. 2005. "The global saving glut and the US current account deficit." EconPapers No. 77, speech delivered to Board of Governors of the Federal Reserve System, April.
- Blanchard, Olivier. 1985. "Debt, deficits, and finite horizons." *Journal of Political Economy* 93 (2): 223–247.
- Blanchard, Olivier. 1990. "Comments on 'Can severe fiscal contractions be expansionary? Tales of two small European countries.'" *NBER Macroeconomics Annual* 5: 111–116.
- Blanchard, Olivier. 1993. "Movements in the equity premium." *Brookings Papers on Economic Activity* 2: 75–138.
- Blanchard, Olivier. 2019a. "Comment on Christina and David Romer, 'Fiscal space and the aftermath of financial crises: How it matters and why.' " *Brookings Papers on Economic Activity* (Spring): 314–321.
- Blanchard, Olivier. 2019b. "Public debt and low interest rates." *American*

参考文献

- Abel, Andrew, N. Gregory Mankiw, Lawrence Summers, and Richard Zeckhauser. 1989. "Assessing dynamic efficiency: Theory and evidence." *Review of Economic Studies* 56 (1): 1–19.
- Adachi, Ko, and Kazuhiro Hiraki. 2021. "Recent developments in measuring inflation expectations." Bank of Japan Research Laboratory Series 21-E-1, June.（安達孔、平木一浩「インフレ予想の計測手法の展開——市場ベースのインフレ予想とインフレ予想の期間構造を中心に」、日銀リサーチラボ・シリーズ、Research LAB No.21-J-1、2021 年）
- Afonso, Antonio, Pedro Gomes, and Philipp Rother. 2011. "Short- and long-run determinants of sovereign debt credit ratings." *International Journal of Finance and Economics* 16: 1–15.
- Aguiar, Mark, Manuel Amador, and Christina Arellano. 2021. "Micro risks and Pareto improving policies with low interest rates." NBER Working Paper 28996, July.
- Aiyagari, Rao. 1994. "Uninsured idiosyncratic risk and aggregate saving." *Quarterly Journal of Economics* 109 (3): 659–684.
- Aldy, Joseph. 2013. "A preliminary assessment of the American Recovery and Reinvestment Act's Clean Energy Package." *Review of Environmental Economics and Policy* 7 (1): 136–155.
- Alesina, Alberto, and Silvia Ardagna. 2009. "Large changes in fiscal policy: Taxes versus spending." NBER Working Paper 15438, October.
- Ardagna, Silvia. 2018. "Rating sovereigns: More upgrades on the horizon." Goldman Sachs Economics Research Report, March.
- Auclert, Adrien, Hannes Malmberg, Frederic Martenet, and Matthew Rognlie. 2021. "Demographics, wealth, and global imbalances in the twenty-first century." NBER Working Paper 29161, August.
- Backhouse, Roger, and Mauro Boianovsky. 2016. "Secular stagnation: The history of a macroeconomic heresy." *European Journal of the History of Economic*

マ行

ラ行

タ行

ナ行

ハ行

索引

著者略歴

オリヴィエ・ブランシャール（Olivier Blanchard）

ピーターソン国際経済研究所（PIIE）C.フレッド・バーグステン・シニアフェロー、マサチューセッツ工科大学（MIT）ロバート・ソロー経済学名誉教授。フランス生まれ。ハーバード大学やMITで教職を務めた後、2008年から15年まで国際通貨基金（IMF）のチーフエコノミストとして活躍。2015年より現職。専門はマクロ経済学。世界で最も論文が引用される経済学者の一人。著書に『ブランシャール マクロ経済学』（上・下、東洋経済新報社）、『格差と闘え』（ダニ・ロドリックとの共編著、慶應義塾大学出版会）など。

訳者略歴

田代 毅（たしろ・たけし）

ピーターソン国際経済研究所（PIIE）ノンレジデントシニアフェロー、経済産業研究所コンサルティングフェロー。慶應義塾大学卒業、ハーバード大学ケネディスクール公共政策修士。ブランシャールとの共同論文に「日本の財政政策の選択肢」（PIIE）、著書に『日本経済最後の戦略』（日本経済新聞出版）がある。

21世紀の財政政策

低金利・高債務下の正しい経済戦略

2023年 3 月17日 1 版 1 刷
2023年12月20日　　3 刷

著者 ―― オリヴィエ・ブランシャール
訳者 ―― 田代 毅

発行者 ―― 國分正哉
発行 ―― 株式会社日経BP
日本経済新聞出版
発売 ―― 株式会社日経BPマーケティング
〒105-8308
東京都港区虎ノ門4-3-12

装幀 ―― 野網雄太（野網デザイン事務所）
本文DTP ―― キャップス
印刷・製本 ―― シナノ印刷株式会社

ISBN 978-4-296-11430-6

本書の無断複写・複製(コピー等)は、
著作権法上の例外を除き、禁じられています。
購入者以外の第三者による
電子データ化および電子書籍化は、
私的使用を含め一切認められておりません。
本書籍に関するお問い合わせ、
ご連絡は下記にて承ります。
https:/nkbp.jp/booksQA

Printed in Japan